Julius Schumann

Preußische Diatomeen

Julius Schumann

Preußische Diatomeen

ISBN/EAN: 9783743382947

Hergestellt in Europa, USA, Kanada, Australien, Japan

Cover: Foto ©ninafisch / pixelio.de

Manufactured and distributed by brebook publishing software (www.brebook.com)

Julius Schumann

Preußische Diatomeen

Preussische Diatomeen

J. Schumann

Rumex ucranicus Besser. Am Ufer der Weichsel unfern der Brahemündung nicht selten. Durch seine Zierlichkeit, Kleinheit der Früchte, blutrothe Farbe im Alter, sehr in die Augen springend, abgesehn von den eigentlichen diagnostischen Kennzeichen. In Gesellschaft von zahlreichem Rumex maritimus L. und dem sehr seltnen Rumex paluster Sm.

Amarantus retroflexus L. Sehr häufig auf Aeckern längs der Chaussee.

Artemisia scoparia W. et K. Ziemlich häufig am Ufer der Weichsel.

Centaurea maculosa Lam. Ebendaselbst.

Senecio saracenicus L. Ebendaselbst im Weidengebüsch.

Eryngium planum L. Ebendaselbst.

Cochlearia Armoracia L. Auf den Wiesen an der Brahemündung sehr häufig, aber nur Blätter vorhanden.

Saponaria officinalis L. Ebendaselbst sehr häufig.

Der Totalhabitus der Oertlichkeit und der Flora stimmte mit dem Ufer der Elbe bei Wittenberg. Das Bett des Flusses liegt bedeutend tiefer, als die schönen mit süssem Graswuchs bestandenen Lehmwiesen; das gegenseitige Ufer flacher und eine weite Sandbank im Flusse bildend. Unten am Flusse wie bei Wittenberg Limosella aquatica, Potentilla supina, Cyperus fuscus, etwas höher hinauf: Carduus acanthoides, Verbascum phlomoides häufig. Wie an der Elbe, geht die Hauptströmung je nach den Biegungen bald an dem einen Ufer bald am andern entlang und der Character des Ufers wird dadurch allemal ein anderer aber constant wiederkehrender. Wo die Strömung ist, reisst der Fluss den abgelagerten Lehmboden des Ufers fort und dies muss durch Weidenpflanzungen geschützt werden. Am gegenüberliegenden Ufer bilden sich dagegen stets Sandbänke und das Ufer fällt weniger schroff ab. Die Wiesen werden durch die Ueberschwemmungen gedüngt, sind aber nicht feucht, wenn nicht besondre Niederungen stellenweise auftreten und den Graswuchs ökonomisch verschlechtern. Diesen Character unsrer grossen Ströme, den auch, wenn mich meine Erinnerung nicht täuscht, die Oder bei Frankfurt hat, ist um vieles anmuthiger und botanisch interessanter, als der unsres langweiligen Pregels und der Oder bei Stettin und Garz, wobei ich allerdings nur die unmittelbare Umgebung des Flusses im Auge habe.

Preussische Diatomeen.

Mitgetheilt
von
Oberlehrer **J. Schumann.**

Hiezu Tafel VIII. IX.

Johann Conrad Eichhorn, Pastor in Danzig, beschreibt in seinen, im Jahre 1776 erschienenen, Beiträgen zur Naturgeschichte der kleinsten Wasserthiere die erste in Preussen beobachtete Diatomee. Die auf Seite 61 gegebene Beschreibung seines Haberkorn und die auf Tafel VI. bei K. befindliche Zeichnung lässt es nicht zweifelhaft, dass der Danziger Naturforscher eine der zahlreichen Naviculaceen gesehen habe. Nach langer Pause bekommen wir durch Professor Ehrenberg Kunde von einigen Diatomeen, die er in den Häfen von Pillau und Danzig und in zwei Stücken samländischen Bernsteins gefunden. Vergleiche die Monatsberichte der Akademie der Wissenschaften zu Berlin aus den Jahren 1841 und 1848 und Ehrenbergs Mikrogeologie Tafel XXXVII Abtheilung III. Später habe ich selbst einige Beobachtungen über diese kleinen Organismen in den Preussischen Provinzialblättern mitgetheilt. Vergl. Verzeichniss Preussischer Infusorien, im Jahrgang 1855, Band VII, Seite 321—328; das Königsberger Infusorienlager, im Jahrgang 1857, Band XII, Seite 272—282; Diluviales Leben, im Jahrgang 1859, Band IV, Seite 278—284.

Eine allgemeinere Uebersicht enthalten die nachfolgenden Zeilen. Ich behandle hier indess nur diejenigen Diatomeen-Arten, die in Preussen — in Ost- und Westpreussen, im preussischen Litthauen und in der diese Provinzen bespühlenden Ostsee — leben oder gelebt haben. Ausgeschlossen bleiben z. B. diejenigen, die an der Pommerschen Küste, in der Saline von Greifswald und an der Küste von Rügen leben; ausgeschlossen auch diejenigen, die einst durch das Diluvialmeer hergetragen worden, z. B. die mit Foraminiferen und Polycystinen gemeinsam auftretenden. wenig zahlreichen Diatomeen, die in gewissen

Sandschichten von Friedrichstein bei Königsberg eingebettet sind. Vergl. Zeugen der Vorwelt, von H. von Duisburg, und Nachwort von J. Schumann. Neue Preuss. Provinzial-Blätter, dritte Folge, Band III, Seite 65—78.

In Bezug auf den Aufenthalt dieser kieselschaligen Gebilde unterscheide ich folgende Localitäten.

1. Offene Süsswasser. Reiche Ausbeute gab mir z. B. der Bach von Friedrichstein, der nahe bei dem Schlosse zu einem Teiche gestaut wird, ferner der das Dorf Schönfliess bei Königsberg durchziehende Bach; der den Hollsteiner Damm von den Wiesen trennende Graben, die Schleuse bei Preil im Samlande. Ein Graben von Caymen bei Labiau gab mir Campylodiscus spiralis, ein Dümpel bei Christburg den sonst nirgends von mir beobachteten Coscinodiscus minor. Dagegen sind die in den Wäldern befindlichen blätterreichen Wasserbecken, vielleicht wegen der in ihnen enthaltenen Gerbsäure, ohne Diatomeen.

2. Sumpferde. Ueber das Königsberger Diatomeen-Lager, das mehr Species enthält als alle andern, die uns namentlich durch Ehrenbergs erfolgreiche Arbeiten bekannt geworden, habe ich an dem oben angeführten Orte genaueren Bericht abgestattet. Hier sei nur erwähnt, dass es in Königsberg bis 70 Fuss mächtig ist, und dass es auch in Bezug auf Längen- und Breiten-Ausdehnung zu den bedeutendsten Lagern der Erde gehört. Mit Ausnahme von Campylodiscus Clypeus sind wohl alle in ihm vorkommende Arten im Lager selbst noch lebend. Ein ähnliches, viel kleineres, mehr zu Tage tretendes Lager findet sich am Teiche bei Trutenau im Samlande. Ein noch beschränkteres, das aber trotzdem sehr formenreich ist, fand Pfarrer v. Duisburg in Steinbeck bei Königsberg auf. Unmittelbar vor seiner Wohnung, nahe dem Bache, entspringt ein Quell, der eine kreisförmige Stelle von etwa 20 Fuss Durchmesser feucht erhält; aus diesem Sumpfe haben wir Beide ein Reihe schöner Formen entnommen.

3. Alluvialer Kalkmergel. Sehr häufig sind bei uns Lager von 2 bis 20 Fuss Mächtigkeit, aus Schalen von Mollusken (z. B. von Lymnaeus palustris und ovatus, Planorbis marginatus, Cyclas cornea, Physa fontinalis) bestehend, zum Theil auch aus Ostrakoden-Schalen und aus amorphem Kalke, der durch Chara-Arten niedergeschlagen worden. Die Lager, neben denen fast immer Torf auftritt, der sie auch oft am Rande oder in ihrer ganzen Ausdehnung überdeckt, enthalten 50—95 pCt. kohlensauren Kalk. Eine Probe von Gross-

Saalau, durch Herrn Professor Werther analysirt, zeigte einen Rückstand von 7¼ pCt. Kieselsäure, die grösstentheils aus Diatomeen-Panzern besteht. Unter den vielen Lagern der Art, die ich genauer untersucht habe, nenne ich als die reichhaltigsten das von

Arklitten bei Gerdauen mit	47	Species,
Hospitalsdorf bei Stuhm mit	38	„
Doesen bei Zinthen mit	39	„
Gr. Saalau bei Domnau mit	66	„
Gr. Hubnicken im Samlande mit	34	„

unter denen sich z. B. die schöne Staurosira pinnata befindet. Keine Diatomeen zeigte z. B. das Lager von Kussen bei Pillkallen, der steinige Kalkmergel (Travertino) von Arnsberg bei Königsberg, das ausgedehnte Lager am Chmelno-See bei Carthaus in Westpreussen, die ebenfalls westpreussischen Lager von Grünhagen und Tessendorf, die beim Baue der Dirschauer Brücke zur Cementbereitung gebraucht worden.

4. Brackwasser. Ich nenne hier namentlich den brackischen Hafen von Pillau und die, zwei Meilen östlich von Wehlau gelegene, Saline Ponnau, von der mir die ersten Proben Herr Oberamtmann Nernst mittheilte, wofür ich ihm hier öffentlich Dank sage. Vergl. Zur Geschichte der Salzquellen von Ponnau. Vom Medicinalrath Hagen. Beiträge zur Kunde Preussens. I. Bd., S. 241—249.

5. Die Ostsee. Wenngleich ich am Ufer flottirende Conferven, mehrere aus 1 bis 20 Faden Tiefe stammende Grundproben, die mir Herr Conducteur Henning zu besorgen die Güte hatte, auch die Verdauungskanäle verschiedener Seefische genauer durchmustert habe; so ist meine Ausbeute doch sehr gering. Es fehlt der Ostsee an Salz, namentlich an unserer Küste. Manche Formen, die am Strande von Rügen ziemlich häufig leben, wie Podosphenia Ehrenbergii und Grammatophora parallela, kommen an der westpreussischen und samländischen Küste und an unsern Nehrungen, wie es scheint, nicht vor.

6. Diluvialformation. In den überaus mächtigen Diluvialschichten Preussens kenne ich nur ein Stratum, in dem Diatomeen gelebt haben; das diluviale Kalkmergellager von Domblitten bei Zinthen, das ich in den oben angeführten Bemerkungen über diluviales Leben genauer geschildert habe. Das über 20 Fuss mächtige Lager, das 30 bis 40 pCt. kohlensauren Kalk enthält, in dem sich indess leider keine Mollusken-Schalen haben auffinden lassen, ruht auf nordischem Sande und ist durch 3—5 Fuss mächtiges jüngeres Diluvium, Thonsand mit zahlreichen grossen erratischen Blöcken, überdeckt.

7. Tertiärformation.

Herr Dr. Carl Thomas entdeckte im Jahre 1847 in zwei Bersteinstücken seiner reichen Sammlung einige Gruppen Diatomeen. Diese Stücke wurden von den Professoren Mitscherlich und Ehrenberg in Berlin genauer geprüft und letzterem zur Bestimmung der Species übergeben. Ehrenberg machte die Resultate seiner Beobachtung in den Monatsberichten der Berliner Academie, Jahrgang 1848, Seite 17 bekannt. Er hält die beobachteten 9 Formen für Jugendzustände schon sonst aus der Tertiärzeit bekannter Organismen, die mit Ausnahme von Eunotia Electri noch sämmtlich in unsern stehenden Süsswassern angetroffen werden. Meine Beobachtungen ergaben Folgendes.

Das eine Stück, das früher die Nummer 483 trug, jetzt mit Nummer 15 bezeichnet ist, zeigt 6 treppenweise über einander geflossene Lagen Bernstein. Zwischen der obersten und zweiten Schicht liegt eine Podure; zwischen der zweiten und dritten auf einem Raume von $'_2'''$ Länge, $'_4'''$ Breite eine Gruppe von 142 Diatomeen, anscheinend in denselben Stellungen, in denen sie einst gelebt haben. Mitten unter ihnen befindet sich eine Luftblase (wol ursprünglich Wasserblase) und zerstreut eine mässige Zahl dunkler zum Theil eckiger Körper, weiterhin eine Reihe kleiner und grosser dunkler Würfel. Auf oder in der dritten Schicht liegen einige Schmetterlingsschuppen und zwei Stückchen Holz; in den tieferen Schichten 6 Sternhaare, kleine Holzstückchen und andre organische Fragmente. Diese Beobachtungen bestimmen mich zur Annahme, dass der Bernstein aus einer söhlig liegenden unbedeckten Wurzel eines Bernsteinbaumes geflossen, der nahe am Wasser gestanden; dass das Wasser nach Bildung der 4 unteren Bernsteinlagen gestiegen und dass sich auf der bereits erhärteten Fläche des Bernsteins die Diatomeen angesiedelt, wo sie mitten in ihren Lebensäusserungen von nachfolgendem Harze langsam überfluthet worden.

Das zweite Stück, das jetzt mit Nro. 16. bezeichnet ist, zeigt auf einer Seite 2, auf der andern 3 über einander gelagerte Schichten, von denen die mittlere sehr dünn ist und die untere nur etwa zur Hälfte überdeckt. Auf dem Begrenzungsstreifen dieser mittleren Schicht liegen zwei dunkle Flecken, die sich durchs Mikroskop theils in körnige und durch Zerreissung entstandene eckige Körper theils in Würfelkrystalle (Schwefelkies?) zerlegen lassen. Zwischen diesen Flecken liegen in verschiedenen Gruppen etwa 350 Diatomeen, von denen aber kaum 100 der genauern Beobachtung zugänglich sind. Theils in der oberen, theils in der mittleren Schicht befinden sich noch 2 Fragmente von Dipteren, zwei längliche Körper, die ich für Milben halte, eine mehrzellige Pflanzenhaut, ein kleines braunes Zellenpaar, das an Conferven erinnert, mehrere Körner und Luftblasen. Es ist mir nicht zweifelhaft, dass die Diatomeen in dieses zweite Stück Bernstein auf ähnliche Weise gekommen als die des ersten Stückes, nur hat hier ein stärkerer Strom die kleinen Organismen mehr zusammengeschoben.

Herr Dr. Thomas hat bei seiner Uebersiedelung nach Berlin seine ganze Bernsteinsammlung der Berliner Universität übergeben. Ein drittes Stück Bernstein mit Diatomeen hat sich meines Wissens bis jetzt nicht auffinden lassen. Auch in den sandigen und thonigen Schichten, sowie in den Braunkohlenlagern unserer Tertiärformation habe ich trotz eifriger Nachforschung nicht eine Diatomee angetroffen. Ebenso enthalten die durch das Diluvialmeer hergeführten Kalke, die der Kreide, dem Jura und der silurischen Formation angehören, keine Diatomeen.

In Bezug auf die Form und Structur der Kieselepidermis, von der die weiche Zellhaut der Diatomeen umgeben ist, verweise ich auf die klassischen Untersuchungen von W. Smith. Dieser umsichtige, in geometrischer Anschauung gebildete, von einem ausgezeichneten Miskroskope unterstützte Beobachter ist der Ansicht, dass weder in den Schalen (Valves), noch in dem bald nach der Selbsttheilung auftretenden Kieselbande (Connecting membrane) Oeffnungen vorhanden seien. Die Schalen treten indess, wenn kein Kieselband vorhanden ist, nicht überall aneinander, bei Anwesenheit eines Kieselbandes nicht überall an dieses Band. Bei den gestreckten Formen, wie bei Navicula und Stauroneis, entstehen somit an den Enden (in jenem Falle 2, in diesem 4) Oeffnungen (Foramina) der Kieselepidermis, durch welche eine Communication zwischen dem umgebenden Wasser und der inneren Zellhaut hergestellt wird. Die beiden auf der Nebenseite einer Navicula an den Endknoten nach dem Centralknoten laufenden Längsstreifen hält er für Röhren, die allseitig geschlossen sind.

Die Beobachtung zerbrochener Schalen hat mich indess zu der bereits von Ehrenberg und Kützing ausgesprochenen Ansicht geführt, dass diese Längsstreifen durchgehende d. h. die Kieselschale durchbrechende Schlitze seien. Auch bin ich der Meinung, dass zu beiden Seiten dieses doppelten Schlitzes

Wimpern vorhanden seien. Nicht selten nämlich sieht man flockenartige Theilchen zerfallener Pflanzen längs einer ruhenden, selten längs einer bewegten, Diatomee hin und her schwimmen. Hat man eine der Naviculaceen vor sich, so schwimmt das Pflanzentheilchen stets längs des durch den Centralknoten unterbrochenen Längsstreifens, also auf der Frustel, wenn eine Nebenseite (Latus secundarium nach Kützing), neben der Frustel, wenn eine Hauptseite (Latus primarium) nach oben gekehrt ist. Dabei ruht das Pflanzentheilchen längere Zeit (einige Secunden bis über eine Minute) an den Enden, wo die Längsstreifen stets sich etwas verbreitern, kürzere Zeit auf der Mitte des Weges. Eine Nitzschia sigmoidea mit stark markirter Theilungslinie trieb, auf der breiten Hauptseite ruhend, mehrere grüne Flocken längs den Nebenseiten hin und her und zwar bisweilen gleichzeitig einen rechts hinauf und einen links hinauf. Bald darauf trieb sie auf ein und derselben Seite einen hinab und einen hinauf; bis die Flocken zusammenstiessen und gemeinsam hinaufschwammen. Eine Stauroneis Phoenicenteron liess die Flocken nie bis ganz an die Enden kommen, führte aber die Bewegung mit solcher Kraft aus, dass sich ein deutlicher Strudel im Wasser zeigte. Bei Amphiprora constricta, die ich lebend aus Hull erhalten, war der Strudel so bedeutend, dass alle herumliegenden Körperchen in die lebhafteste Bewegung geriethen. Deutlich geflügelte Surirellen, wie S. splendida, bewegen solche Flocken längs des Flügelrandes, Cymatopleuren wie C. Solea längs einer Kante. Auch erinnere ich an dieser Stelle an die starren Stäbchen, die sich nicht selten auf den Schalen, namentlich von Pinnularia, Navicula, Epithemia, Cymbella, Nitzschia und Synedra zeigen. Bei Pinnularia und Epithemia stehen sie stets auf den derben Querstreifen, die durch Punkte oder Striche in einzelne Abtheilungen zerfallen. Ich halte sie für Wimpern, die unbrauchbar und mit einer Kieselhülle überzogen worden. Vergleiche die zum Theil übereinstimmenden Beobachtungen und Ansichten von Ehrenberg und Kützing. Grunow (Verhandlungen der zoologisch-botanischen Gesellschaft in Wien 1860, Seite 506—507) hält diese Stäbchen für Ausschwitzungen der Schale.

Um die Frage zu erörtern, ob — wie Ehrenberg behauptet — die Zahl der Querriefen, die auf eine gewisse Länge etwa auf $0{,}01'''$ Par. gehen, für die einzelnen Arten, innerhalb gewisser Schwankungen, constant oder etwa von der Länge der Schale abhängig sei, habe ich mehrere häufig und in verschiedener Grösse vorkommende Arten ausgewählt und gesondert bei den kleineren (jüngeren) und bei den grösseren (ältern) Frusteln möglichst genau ihre Zahl beobachtet und für beide Gruppen die arithmetischen Mittel genommen. Nach Vereinfachung der Brüche finde ich, wenn ich mit A. die kleineren, mit B. die grösseren bezeichne, bei

Cymatopleura elliptica	A. mit 7,	B. mit $6^3|_4$	Rundpunkten.
Cymatopleura Solea	— $16^1|_2$,	— 16	—
Synedra Ulna Ehg.	— $19^4|_3$,	— $18^1|_3$	—
Gomphonema longiceps	— $15^1|_2$,	— $16^1|_2$	Riefen.
Pinnularia oblonga	— 14.	— $14^1|_3$	—
Amphora ovalis	— $21^2|_5$,	— $19^2|_3$	—

Hiernach ist Ehrenbergs Behauptung begründet und zugleich die Lösung der Frage über das Wachsthum der Kieselepidermis wenigstens vorbereitet. Bei dieser Gelegenheit sei bemerkt, dass

30 Riefen auf $0,01'''$ Par. $= 34$ auf $0,001''$ Engl. $= 13$ auf $0,01^{mm}$.

Die Bewegungen der Frusteln selbst sind genugsam beschrieben, gewisse begleitende Umstände indess meiner Ansicht nach nicht gehörig beachtet worden. Wendet man beim Beobachten ein Deckgläschen an und hat eine Reihe auf einer Nebenseite liegender und in dieser Lage bewegter Schiffchen vor sich, so kann man leicht wahrnehmen, dass die meisten auf der Fläche des unteren Glases, einige aber auch auf der Rückseite des Deckgläschens sich fortschieben. Versucht man durch Verrückung dieses Gläschens eine bewegte Frustel umzukanteln, so gelingt das selten. Meistens haftet der kleine Organismus sofort an dem Glase, ohne fortzurücken, mögen auch alle herumliegenden Pflanzentheilchen, todte Frusteln und kleine Sandkörnchen in turbulente Bewegung gerathen. In solchem Falle hilft Zusatz von Säure, wodurch man es erreicht, dass die kleinen Gebilde einige Zeit darauf sich lösen und dann die Bewegung mit allen übrigen Körpern theilen. Oefters löst sich indess, auch ohne Anwendung dieses radikalen Mittels, ein Ende vom Glase ab, wobei dann die Frustel bei der Verschiebung des Deckglases um das noch feste Ende sich radienartig bewegt wie ein Pendel um den Aufhängepunkt. Bisweilen gelingt es dann eine Hauptseite nach oben zu kehren. Sobald indess der Druck auf das Deckgläschen nachlässt, zeigt sich wieder die vorige Nebenseite. Wird endlich auch das andre Ende gelöst, so folgt die Frustel jeder leisen Verschiebung, sich hin und wieder umkantelnd, wie man es haben will. Vgl. Focke's Physiologische Studien, 2. Heft, Seite 25.

Ueber den schleimigen Inhalt der inneren Zellhaut, die grösseren und kleineren Bläschen (Oeltröpfchen?), den gelbgrünen oder braunen Farbstoff und seine allmälige Umgestaltung habe ich nichts neues zu berichten. Sein Zerfallen in Brutkörner (Sporen) habe ich oft beobachtet. Deutlich bewegt sah ich sie im Innern von Surirella biseriata und splendida, Eucyonema prostratum, Pinnularia viridis, Navicula mesolepta, Ampliprora paludosa. Ihr Herausbrechen beobachtete ich bei Gomphonema lanceolatum, clavatum und constrictum. Den Nucleus (Cytoblast) ohne Kernkörper habe ich ziemlich häufig bei verschiedenen Arten von Epithemia, Campylodiscus, Tryblionella, Synedra, Pinnularia und Navicula gesehen; einen einfachen Nucleus mit deutlichem Kernkörper (Nucleolus) fand ich bei Navicula nodulosa und Amphora ovalis, 2 Nuclei mit Kernkörpern bei Pinnularia oblonga, 5 Nuclei mit Kernkörpern bei Nitzschia sigmoidea.

In den Schalen todter Diatomeen zeigen sich bisweilen krystallinische Körper, die wohl stets Würfel sein mögen, wenn sie auch öfters sechsseitig erscheinen. Sie glänzen bei auffallendem Lichte. Eben solche Krystalle habe ich indess auch in einer weitröhrigen Kieselnadel und im Innern von Trachaelomonas laevis gesehen. Ich halte sie für Schwefelkies-Krystalle.

In Conjugation fand ich Epithemia Argus, Cocconema lanceolatum, Sphenella vulgaris, Navicula amphioxys, Amphora minutissima und Coscinodiscus eccentricus, ohne die Entwickelung zu verfolgen; in allen Stadien der Entwickelung sah ich sie bei Cocconeis Placentula. Farblose bewegte Schwärmzellen habe ich nur zweimal gesehen, in Cocconeis Pediculus und Gomphonema acuminatum. Vergl. die „Beobachtungen über die Organisation, Theilung und Copulation der Diatomeen", mitgetheilt von Johann E. Lüders, in der botanischen Zeitung von Hugo von Mohl und D. T. L. von Schlechtendal 1862, Nro. 6—9.

Das Leben der Diatomeen scheint durch die Kälte unsrer Winter nicht zu erlöschen. Nach dreitägiger ungewöhnlicher Kälte, die bis — 20° Reaumur stieg, nahm ich ein auf freier Wiese liegendes gefrornes Stückchen Erde ins warme Zimmer und liess es aufthauen. Eine halbe Stunde darauf sah ich mit Hülfe des Mikroskopes mehrere Schiffchen in lebhafter Bewegung.

In dem folgenden Verzeichnisse der von mir in Preussen beobachteten Species und Varietäten habe ich mich möglichst an die bekannten Formen an-

angeschlossen und die Abbildungen citirt, die mit meinen Beobachtungen am meisten übereinstimmen. Ich brauche dabei folgende Abkürzungen:

Amer. = Ehrenberg: Verbreitung und Einfluss des mikroskopischen Lebens in Süd- und Nordamerika. 1843.
Passat. = Ehrenberg: Passatstaub und Blutregen. 1847.
Mik. = Ehrenberg: Mikrogeologie 1854.
Bac. = Kützing: Die kieselschaligen Bacillarien. 1844.
Syn. = William Smith: A synopsis of the British Diatomaceae. 1853. 1856.
S. Diat. = Rabenhorst: Die Süsswasser-Diatomaceen. 1853.
Hedw. = Hedwigia, redigirt von Rabenhorst.
Wien. = Ueber neue oder ungenügend gekannte Algen, von A. Grunow, in den Verhandlungen der zoologisch-botanischen Gesellschaft in Wien. 1860.

Die sieben Columnen des Verzeichnisses entsprechen den sieben oben angeführten Localitäten. Doch habe ich in die erste Columne auch einige Formen aufgenommen, die ich bisher nicht in offnen Süsswassern, sondern in den kleinen Sümpfen von Trutenau und Steinbeck angetroffen, um in Nro. 2. nur diejenigen aufzuführen, die sich im Königsberger Lager finden. In Nro. 4, welche die brackischen Formen enthält, habe ich die in den salinischen Quellen von Ponnau lebenden Arten mit s ausgezeichnet, während in den übrigen Fällen + die Anwesenheit der Species bedeutet. Die hinter dem letzten Striche stehenden Buchstaben F. P. B. E. bezeichnen die Anwesenheit der Species in den fossilen Lagern Finnlands, in der Umgegend von Posen, im Berliner Diatomeen-Lager und in England. Die finnischen Diatomeen sind von Nylander in „Sällskapets pro Fauna et Flora Fenniva, Notiser VI., Ny Serie, 3 Häftet. Helsingfors 1861" zusammengestellt worden. Die Diatomeen Posens hat Sypniewski beobachtet; ein Auszug findet sich in der Prager Zeitschrift „Lotos" Jahrgang 1861. Die beigegeben 2 Tafeln enthalten mehrere theils weniger bekannte, theils solche Formen, die ich für neu halte. Die mit kleinen lateinischen Buchstaben bezeichneten Abbildungen sind bei 300facher, die mit grossen Buchstaben bezeichneten bei 600facher Vergrösserung gezeichnet.

		S.	K.	M.	B.	O.	D.	T.		
Epithemia 1) H. S. aufgedunsen:										
gibba Ktz.	Syn. I. 13.	+	+	+			+		F.P.B.E.	
ventricosa Ktz.	14.	+	+		+	+			E.	
Sorex Ktz.	9.	+	+	+	+	+			P.E.	
proboscidea Ktz.	8.		+				+		E.	
Musculus Ktz.	10.					+			E.	
Hyndmanni W. Sm.	1.						+		F.E.	
turgida W. Sm.	2.	+	+	+			+		F.P.E.	
Westermanni Ktz.	11.					+			E.	
longicornis Ehg.	Syn. XXX 247.		+						E.	
gibberula (Ehg.)	Mik. IX¹ 30 a. b.		+				+		F.B.	Fig.1.
zebrina (Ehg.)	Passat. III¹ 13. 14.	+	+	+			+		B.	Fig.2.
Electri n. spc.							+			Fig.3.
capitata n. spc.			+							Fig.4.
baltica n. spc.						+				Fig.5.
2) H. S. rechteckig:										
saxonica Ktz.	Bac. 5. XV.	+	+				+			
Argus W. Sm.	Syn. I 5.	+	+	+					E.	
Zebra Ktz.	4.	+	+	+			+		F.P.B.E.	
alpestris Ktz.	7.		+				+		E.	
ocellata (Ehg.)	Mik. VI¹¹ 17. a. c.	+		+			+			Fig.6.
Eunotia depressa Ehg.	Amer. I¹ᵛ 6. b.	+	+						B.	
Ventriculus n. spc.			+							Fig.7.
Himantidium Arcus W. Sm.	Syn. XXXIII 283.	+	+						F.P.E.	
gracile Ehg.	285.	+							F.E.	
majus W. Sm.	286.		+	+					F.E.	
bidens Ehg.	284.	+	+						F.B.E.	
regiomontanum n. spc.							+			Fig.8.
Meridion circulare Ag.	Syn. XXXII 277.	+	+						P.E.	
β Zinkenii	277. β	+	+						P.B.E.	
Denticula tennis Ktz.	Syn. XXXIV 293.	+		+					E.	
inflata W. Sm.	294.	+	+	+					E.	
obtusa Ktz.	292.		+	+			+		E.	
sinuata Thw.	295.	+		+			+		E.	
Odontidium turgidulum Ktz.	Bac. 17. II.	+	+	+						
mesodon Ktz.	Syn. XXXIV 288.		+						P.E.	
rotundatum Rab.	S. Diat. II 40.	+	+	+						
glaciale Ktz.	Bac. 17. III.	+	+	+	s					
acutum (Ehg.)	Mik. I¹¹¹ 6.		+							Fig.9.
mutabile W. Sm.	Syn. XXXIV 290.	+	+						F.E.	
parasiticum W. Sm.	LX 375.	+							E.	
Tabellaria W. Sm.	XXXIV 291.	+	+	+					F.B.E.	
— β.	291β.	+	+	+					F.E.	
ventriculosum n. spc.		+	+							Fig.10.

		S.	K.	M.	B	O.	D.	T.		
Fragilaria virescens Ralfs.	Syn. XXXV 297.	+	+	+		s		+	F.P.B.E.	
capuzina Desm.	Bac. 16 III.	+	+						F.P.	
corrugata Ktz.	V.		+							
ampliceros Ehg.	Mik. XVIII 77. c.							+		
arcuata n. spc.		+	+							Fig.11
contracta n. spc.		+	+							Fig.12.
Diatoma pectinale Ktz.	Bac. 17 XI 8.		+						P.	
vulgare Bory.	Syn. XL 309.		+						P.E.	
elongatum Ág.	XLI 311 β.							+	P.E.	
Staurosira construens Ehg.	Mik. V II 23.	+	+	+				+	F.	Fig.13.
pinnata Ehg.	24.			+					E.	Fig.14.
Cyclotella Rotula Ktz.	Syn. V 50.	+	+	+				+	E.	
spinosa n. spc.				+						Fig.15.
Kützingiana Thw.	Syn. V 47.		+	+				+	E.	
antiqua W. Sm.	49.			+					E.	
operculata Breb.	48.		+	+				+	P.E.	
Pyxidicula minor Ktz.	Bac. 1 XXVI.	+	+							
Orthosira arenaria W. Sm.	Syn. LII 334.	+	+	+				+	F.E.	
orichalcea W. Sm.	LIII 337.	+	+						F.P.E.	
punctata W. Sm.	339.	+	+		+	+	+		F.B.E.	
Binderana (Ktz.)	Bac. 2 I.	+	+		+					
Melosira varians Ag.	Syn. LI 332.	+	+						P.B.E.	
dictans Ktz.	LXI 385.	+	+					+	F.P.B.E.	
hetrurica Ktz.	Bac. 2 VI⁰.		+							
Campylodiscus Clypeus Ehg.	2 V.		+		+				E.	
costatus W. Sm.	Syn. VI 52.		+					+	E.	
— β.	VII 52.			+	+			+	E.	
spiralis W. Sm.	54.	+							E.	
Surirella minuta Breb.	IX 73.	+	+						E.	
pinnata W. Sm.	72.	+							E.	
Brightwellii W. Sm.	69.							+	E.	
ovalis Breb.	68.	+							E.	
panduriformis W. Sm.	XXX 258.	+	+						E.	
gracilis n. spc.		+								Fig.16.
dentata n. spc.										Fig.17.
splendida Ktz.	Syn. VIII 62.	+	+	+					F.P.B.E.	
didyma Ktz.	Bac. 3 LXVII.	+	+							Fig.18.
constricta Ehg.	Mik. XIV 37.		+	+				+	B.	Fig.19.
microcora Ehg.	Amer. II ¹ 34.		+							
linearis W. Sm.	Syn. VIII 58 a′ a″.	+	+						F.E.	
biseriata Breb.	57.		+					+	F.P.B.E.	
β. punctata m.				+						
Cymatopleura Solea W. Sm.	Syn. X 78.	+	+	+				+	F.P.B.E.	
apiculata W. Sm.	79.	+	+	+					B.E.	
elliptica W. Sm.	80.	+	+	+				+	B.E.	
Tryblionella punctata W. Sm.	Syn. XXX 261.		+						E.	

		S.	K.	M.	B.	O.	D.	T.		Fig.
Tryblionella contracta n. spc.		+	+							Fig.20.
angustata W. Sm.	Syn. XXX 262.	+				+		E.		
gracilis W. Sm.	X 75.	+								Fig.21.
antiqua n. spc.					+			+		Fig.22°, 22.
Nitzschia 1) gleichriefige										
amphioxys W. Sm.	Syn. XIII 103.	+	+			+		F.P.E.		
media Hantsch.	Hedw. 1860 VI 9.	+	+							
sigmoidea W. Sm.	Syn. XIII 104 β.	+						E.		
flexa n. spc.			+							Fig.23.
2) diagonalriefige										
parvula W. Sm.	XIII 106					s		E.		
dubia W. Sm.	XXXI 112 β.	+	+					E.		
acicularis W. Sm.	XV 122.	+						E.		
linearis W. Sm.	XIII. XXXI 110.	+						E.		
gracilis Hantsch.	Hedw. 1860 VI 8.	+	+							
Ehrenbergii m.	Syn. spectabilis Ehg.									
	Amer. III ^{1} 24.	+	+					F.		
Clausii Hantsch.	Hedw. 1860 VI 7.					s				
Palea W. Sm. (Ktz.)	Bac. 3 XXVII.	+						E.		
Synedra 1) spitze:										
Vaucheriae Ktz.	Bac. 14 IV 3.	+	+							
porrecta Rab.	S. Diat. IV 27.	+	+							
Amphirhynchus Ehg.	Amer. III ^{1} 25.	+	+		+			P.		
dissipata Ktz.	Bac. 14 III.	+								
subtilis Ktz.	14 II a.					s				
gracilis Ktz.	3 XIV.	+								
tenuis Ktz.	14 XII.	+				s		F.		
Acula Ktz.	14 XX.	+	+							
splendens Ktz.	14 XVI.	+	+					F.P.		
Oxyrhynchus Ktz.	14 VIII. X.	+								
aequalis Ktz.	14 XIV.	+	+							
pulchella Ktz.	Syn. XI 84.	+						E.		
Gallionii Ehg.	XXX 265.				+			E.		
2) stumpfe:										
radians Ktz.	Syn. XI 89.	+						E.		
Ulna Ehg.	Amer. I IV 7.	+						F.P.B.		
lunaris Ehg.	Syn. XI 82.							E.		
undulata n. spc.		+								Fig.24.
3) mit kopff. Enden:										
capitata Ehg.	Syn. XII. 93.	+	+	+		+		P.B.E.		
amphicephala Ktz.	Bac. 3 XII.		+		+					
danica Ktz.	14 XIII.	+	+		+			F.		
biceps Ktz.	14 XVIII.	+	+		+			F.		
recta Ktz.	30. 29.	+	+		+					
Cocconeis pygmaea Ktz.	Bac. 5 VI 4.				+					
pumila Ktz.	5 IX 2.	+								

			S.	K.	M.	B.	O.	D.	T.	
Cocconeis longa Ehg.	Mik. V 1 25.		+|+							
striolata Rab.	S. Diat. X 8.				+					
Scutellum Ehg.	Syn. III 34 a.						+		E.	
Pediculus Ehg.	31.		+|+				+		F.E.	
Placentula Ehg.	32.		+|+|+			+		F.P.B.E.	
Thwaitesii W. Sm.	33.				+				F.E.	
Achnanthidium lanceolatum Breb.	Syn. XXXVII	304.	+|+						E.	
Achnanthes exilis Ktz.		303.	+						P.E.	
subsessilis Ktz.		302.					s		E.	
Cymbella gastroides Ktz.	Bac. 6 IV b.		+|+|+					P.	
truncata Rab.	IV a.		+|+						F.	
Leptoceras Ktz.	XIV.		+	+			+		F.	
obtusiuscula Ktz.	3 LXVIII.		+			+			
Pediculus Ktz.	5 VIII 1.		+			+			
ventricosa Ktz.	6 XVI.		+					E.	
Ehrenbergii Ktz.	Syn. II 21.		+	+			+		F.P.B.E.	
affinis Ktz.	27.		+	+					F.P.E.	
cuspidata Ktz.	22.		+			+		F.E.	
curvata Rab.	S. Diat. VII 14 b.			+		+			
Cocconema asperum Ehg.	Mik. XIV 81.		+	+			+		F.B.	
lanceolatum Ehg.	Syn. XXIII 219.		+			+		F.B.E.	
cymbiforme Ehg.	220.		+|+|+					F.E.	
Cistula Ehg.	221 a.		+	+		+		F.E.	
Lunula Ehg.	Amer. III 1 37.		+	+			+		B.	
β Electri.						+			Fig.25.
Eucyonema paradoxum Ktz.	Bac. 22 I.		+	+						
prostratum Ralfs.	Syn. LIV 345.		+	+			+		F.E.	
Sphenella rostellata Ktz.	Bac. 9 III.		+						
obtusata Ktz.	9 I.		+						
vulgaris Ktz.	7 XII.		+	+						
angustata Ktz.	8 IV.		+	+						
Gomphonema 1) spitze:									
cristatum Ralfs.	Syn. XXVIII 239 a a'.		+	+					E.	
apiculatum Ehg.	Mik. IV II 39.		+						
lanceolatum Ehg.	Amer. II 1 37.		+	+		s			
2) stumpfe:									
Cygnus Ehg.	Mik. V III 33.		+						Fig.26.
intricatum Ktz.	Bac. 9 IV.		+	+			+		F.	
longiceps Ehg.	Mik. X 21 a. b.		+			+		B.	Fig.27.
clavatum Ehg.	Amer. III 1 33.		+	+					F.B.	
dichotomum Ktz.	Syn. XXVIII 240 β.		+|+|+			+		F.P.B.E.	
sphenelloides Rab.	S. Diat. VIII 1.		+	+						
tenellum Ktz.	Bac. 8. VIII.		+|+|+					P.	
3) mit kopff. Enden:									
acuminatum Ehg.	Syn. XXVIII 238 a.a'		+|+|+			+		F.P.B.E.	
β trigonocephalum Ehg.	a''.		+	+					E.	

179

		S. K. M. B. O. D. T.		
Gomphonema γ nasutum Ehg.	Mik. VI ^{1} 37.	+|+|+		Fig.28.
δ laticeps Ehg.	V ^{1} 34.	+	+ F.B.	
ε coronatum Ehg.	Svn. XXVIII 238 β.	+	+ F.B.E.	
Turris Ehg.	Mik. XIV 70. 71.	++	+ B.	
Sagitta n. spc.		+		Fig.29.
Mustela Ehg.	Mik. XIV 67.	+	F.B.	Fig.30.
americanum Ehg.	V ^{1} 36.	+++	+ F.	
capitatum Ehg.	Syn. XXVIII 237 a.	+++	+ F.B.E.	
constrictum Ktz.	236.	+++	F.P.B.E.	
subtile Ehg.	Mik. II ^{11} 45.	+	+ F.E.	
4) unsymmetrische:				
Vibrio Ehg.	Syn. XXVIII 242.	+++	F.E.	Fig.31.
curvatum Ktz.	XXIX 245.	+++	E.	
marinum W. Sm.	246.		+ E.	
fractum n. spc.		++		Fig.32.
Pinnularia 1) spitze:				
Gastrum Ehg.	Mik. XXXVII ^{111} 10.	+	++	Fig.33.
Placentula Ehg.	Amer. III ^{VII} 22.	+++	+	
acuta W. Sm.	Syn. XVIII 171.	+++	+ F.	
radiosa W. Sm.	173.	+++	+ B.E.	
2) leistenförmige:				
nobilis Ehg.	Syn. XVII 161.	+++	F.P.B.E.	
major W. Sm.	162.	++	F.P.E.	
Dactylus Ehg.	Amer. IV ^{1} 3.	+		
viridis Ehg.	Syn. XVIII 163.	++	+ F.P.B.E.	
oblonga W. Sm.	165.	+++	+ F.P.B.E.	
macilenta Ehg.	Mik. I ^{11} 7.	+	+ F.	
leptogongyla Ehg.	XIV 14. XV B 8.	+++	B.	
borealis Ehg.	XXXIX ^{11} 93. 94.	+	s	
capitata Ehg.	XXXVII ^{111} 9.	+++	+	Fig.34.
Semen Ehg.	XIV 12.		+	Fig.35.
3) eingeschnürte:				
Esox Ehg.	Amer. 1 ^{11} 4.	+		Fig.36.
Tabellaria Ehg.	Syn. XIX 181.	++	E.	
decurrens Ehg.	Mik. II ^{111} 4.	+++		
Monile Ehg.	XVII ^{1} 12.	+	+ F.B.	
mesolepta Ehg.	Svn. XIX 182.		E.	
dicephala Ehg.	Mik. VI ^{1} 10 a.	+	B.	Fig.37.
isocephala Ehg.	V ^{111} 21.	+		
interrupta W. Sm.	Syn. XIX. 184.	+ +	E.	
Navicula 1) spitze:				
angusta Grunow.	Wien 1860 V 19.	+ +		
cuspidata Ktz.	Syn. XVI 131.	+++	+ F.E.	
lanceolata Ktz.	XXXI 272.	++ s	+ P.E.	Fig.38.
viridula Ktz.	Bac. 30. 47.	++		
veneta Ktz.	30. 76.	s +		

		S. K. M. B. O. D. T.		
Navicula affinis Ehg.	Mik. XXXVII III 7.	+ +	F.B.	Fig.39.
bohemica Ehg.	X I 4.	+		Fig.40.
amphioxys Ehg.	XXXVII III 5.	+ +	F.P.B.	Fig.41.
gracilis Ehg.	Bac. 3 XLVIII.	+ +	+ F.P.	Fig.42.
mutica Ktz.	XXXII.	+	+	Fig.43.
ambigua Ehg.	Syn. XVI 149.	+ +	F.E.	
rhomboides Ehg.	129.	+ +	E.	
2) elliptische:				
elliptica Ktz.	Syn. XVII 153 a.	+ + +	+ F.E.	
italica Ktz.	152 a.	+ +	E.	
minutula W. Sm.	XXXI 274.	+	E.	
latiuscula Ktz.	Bac. 5 XL.	+ +		
obtusa Ehg.	Mik. XX I 51.	+ + +	+	
Seminulum Grunow.	Wien 1860. IV 2.		+	Fig.44.
scutelloides W. Sm.	V 15.	+ +	E.	
Scutum n. spe.		+		Fig.45.
cocconeiformis n. spe.		+		Fig.46.
Thomasii n. spe.			+	Fig.47.
3) leistenförmige:				
Amphigomphus Ehg.	Mik. VI I 20.	+ + +	B.	
dilatata Ehg.	XIII I 10.	+ +	+	
acrosphaeria Ktz.	Bac. 5 II.	+ + +		
hemiptera Ktz.	30. 11.	+ + +	F.	
Iridis Ehg.	Amer. IV I 2.	+		
truncata Ktz.	Wien 1860. V 8 d. 9.	+ + +		
Trabecula Ehg.	Mik. III II 8.	+		
Bacillum Ehg.	Wien 1860 IV 1.	+ + +	+ F.E.	
perpusilla Grunow.	IV 7.	+ +	+	Fig.48.
laevissima Ktz.	Bac. 21 XIV.	+ + +	F.E.	
bilineata n. spe.			+	Fig.49.
dispar n. spe.		+ +		Fig.50.
4) mit Anschwellungen:				
Semen Ktz.	Syn. XVI 141.	+ +	F.E.	
inflata Ktz.	XVII 158.	+	E.	
cryptocephala Ktz.	155.	+	E.	
sphaerophora Ktz.	148.	+ + +	+ F.E.	
tumida W. Sm. β	Wien 1860 IV 43 b.	+	+	Fig.51.
biceps Ehg.	S. Diat. VI 49.	+	+ F.P.	
Amphisbaena Bory.	Syn. XVII 147 a.	+ + s	P.B.E.	
didyma Ktz.	154.	+ + +	E.	
dicephala Ktz.	157.	+ +	F.P.B.E.	
binodis Ehg.	159.	+ +	E.	
nodulosa Ktz.	Bac. 3 LVII.	+ +		
gibberula Ktz.	L*.	+		
β limosa Ktz.	L.	+ +	F.	

		S.	K.	M.	B.	O.	D.	T.		
Navicula Trochus Ehg.	Mik. XVI I 13.	+	+							Fig.52.
mesolepta Ehg.	Amer. IV II 4.	+						F.		
mesotyla Ehg.	7.		+	+						
Esoculus n. spc.			+							Fig.53.
angustata W. Sm.	Syn. XVII 156.		+					F.E.		
Crassinervia Breb.	XXXI 271.			s				E.		
Stauroneis Phoenicenteron Ehg.	XIX 185.	+	+	+				F.P.B.E.		
gracilis Ehg.	186.	+						F.E.		
Platystoma Ktz.	S. Diat. IX 2 b.		+					B.		
anceps Ehg.	Amer. II I 18.	+	+							
Platalea Ehg.	Mik. XV A 30.	+						E.		
truncata (Rab.)	S. Diat. IX 12, 2. Bild.	+	+	+		+				
Meniscus n. spc.			+							Fig.54.
Eichhornii n. spc.			+							Fig.55.
pumila Ktz.	Bac. 30. 43.	+								
linearis Ehg.	Amer. I II 11.	+						F.B.		
Smithii Grunow.	Syn. XIX 193.	+	+					E.		
dilatata W. Sm.	191.	+	+			+		E.		
punctata Ktz.	189.		+			+		E.		
Pleurostaurum acutum Rab.	Hedw. 1859 III 1—8.	+	+	+		+		E.		
Pleurosigma attenuatum W. Sm.	Syn. XXII 216.		+	+		+		P.B.E.		
Spenceri W. Sm.	218.	+	+					E.		
Amphiprora paludosa W. Sm.	XXXI 269.	+			s			F.		Fig.56.
Amphora ovalis Ktz.	II 26.	+	+			+		F.B.E.		
Terroris Ehg.	Mik. XXXV A XXIII 3.	+				+				
gracilis Ehg.	XXXVII III 1.	+	+				+			Fig.57.
borealis Ktz.	Bac. 3 XVIII.	+	+			+				
affinis Ktz.	Syn. II 27.	+	+					F.E.		
minutissima W. Sm.	30.	+						E.		
Mastogloia lanceolata Thw.	LIV 340.					+		E.		
antiqua n. spc.			+							Fig.58.
Podosphenia Pupula Ehg.	Mik. XIV 77.		+					B.		
ovata W. Sm.	Syn. XXIV 226.					+		E.		
Tabellaria fenestrata Ktz.	XLIII 317.	+	+	+				F.P.E.		
flocculosa Ktz.	316.	+						F.E.		
vulgaris Ehg.	Mik. XXXIV XII B 2.	+	+					F.B.		
amphilepta Ehg.	III IV 32.		+							
Grammatophora marina Ktz.	Syn. XLII 314.					+		E.		
Coscinodiscus eccentricus Ehg.	III 38.					+		E.		
radiatus Ehg.	37.					+		E.		
minor Ehg.	36.	+						E.		
subtilis Ehg.	Amer. I III 18.					+				
Stephanodiscus Bramaputrae Ehg.	Mik. XXXV A.IX9.					+				Fig.59.
Amphitetras parallela Ehg.	XIX A 20.					+				

Die in den beiden Bernsteinstücken liegenden, in dem elliptischen Felde der Tafel VIII. gezeichneten, Diatomeen sind folgende:

Epithemia Electri. Nebenseite sichelförmig mit (wohl nur wegen der Lage) ziemlich spitzen Enden, mit Bogenlinien; Hauptseite aufgedunsen mit nicht vortretenden Enden; 8—9 Canäle, 25 Riefen auf 0,01''' Par. Zwei 0,016 und 0,025''' lange Exemplare. Fig. 3. Verwandt mit E. proboscidea.

Tryblionella antiqua. Latus secundarium lineare, apicibus cuneatis subacutis; latus primarium lineare, An den 3 Bernstein-Exemplaren waren die Riefen nur am Rande sichtbar Fig. 22°. Die im Kalkmergel gefundenen Exemplare haben eine Länge von 0,017—0,020''' und durchschnittlich 29 fein gekörnte Riefen auf 0.01'''. Fig. 22.

Cocconema Electri schliesst sich an C. Lunula an, ist aber viel kleiner. Die 3 Paare, in derselben Lage gezeichnet, in der sie im Bernstein liegen, haben wohl einem Bäumchen angehört. 12 Exemplare. Fig. 25.

Pinnularia Gastrum. Länge 0,008—0,013; 56 Exemplare in beiden Bernsteinstücken. Fig. 33. Die Form ist identisch mit der des Königsberger Lagers.

Pinnularia capitata. Länge 0,007—0,012; 24 Exemplare in beiden Bernsteinstücken. Fig. 34.

Pinnularia Semen. Länge 0,012—0,013; 2 Exemplare. Fig. 35.

Navicula lanceolata. Länge 0,009—0,014; 6 Exemplare in beiden Stücken. Fig. 38.

Navicula affinis. 1 Exemplar. Fig. 39.

Navicula bohemica. Ein Fragment. Fig. 40. Solche Fragmente finden sich häufig im Lager von Franzensbad.

Navicula amphyoxys. 1 Exemplar. Fig. 41.

Navicula gracilis. 3 Exemplare. Fig. 42.

Navicula mutica. 3 Exemplare. Fig. 43.

Navicula Seminulum. Länge 0,007—0,013; 7 Exemplare. Fig. 44.

Navicula Thomasii. N. elliptica, nodulo centrali rotundo. Die feinen Riefen, von denen 24 auf 0,01''' gehen, erreichen die beiden etwas gebogenen matten Streifen, die sich neben der Mittellinie hinziehen. Länge 0,006—0,012'''; 8 Exemplare. Ich nenne diese Diatomee zum Andenken an Dr. Carl Thomas, der die ersten Diatomeen im Bernstein gefunden. Fig. 47.

Navicula perpusilla. Nur ein 0,012''' langes Exemplar, übereinstimmend mit denen des Königsberger Lagers. Fig. 48.

Navicula bilineata. Die beiden im Bernstein gefundenen Exemplare sind 0,011 und 0,013''' lang. Eben solche, nur wenig grössere, Formen, die auch darin mit ihnen übereinstimmen, dass einer oder beide Seitenränder bisweilen eingezogen sind, finden sich im Königsberger Lager. Vielleicht Jugendzustände von N. Amphigomphus. Fig. 49.

Navicula tumida. Ein Exemplar, mit 20 Riefen auf 0,01'''. Identisch mit denen des Königsberger Lagers, die 0,009—0,014''' lang sind. Fig. 51.

Amphora gracilis. Länge 0,011—0,023''', 7 Exemplare. Fig. 57.

Ausserdem finden sich in beiden Bernsteinstücken noch 7 Exemplare eines Odontidium, das nicht zu bestimmen ist, da nur Hauptseiten (mit 9—10 derben Randriefen auf 0,01''') sichtbar sind.

Ueber die andern Diatomeen habe ich Nachstehendes zu bemerken:

Epithemia gibberula hat 7 Canäle, 17 Riefen auf 0,01'''. Länge 0,015 bis 0,020'''. Fig. 1.

Epithemia zebrina mit 4 Canälen, 20 Riefen auf 0,01'''. Länge bis 0,033'''. Fig. 2.

Epith. capitata. E. mediocris, a latere secundario falcata, apicibus obtusis recurvis rotundis, maculis lucidis subquadratis; a latere primario marginibus longitudinalibus leviter convexis. Mit 5 Canälen, 15 feinen gekörnten Riefen auf 0,01'''. Länge 0,022—0,035''', Breite und Dicke = ¼ der Länge. Die kopfförmigen Enden nicht voll halb so breit als die Mitte. Im Kalkmergel von Bonslack bei Tapiau ziemlich häufig. Fig. 4.

Epith. baltica. E. minima, dorso, tumido ventre subconcavo, apicibus valde contractis; a latere primario valde obtusa, apicibus prominentibus. Länge 0,010—0,013''', Breite = ⅓, Dicke fast = ½ der Länge; mit 18 schwer sichtbaren Querstreifen auf 0,01''', die durch Erhitzung•der Schale in einzelne Körner zerfallen. Fig. 5 bei 600 facher Vergrösserung, A. und B. in natürlichem Zustande, C. und D. geglüht. In der Ostsee bei Pillau überaus häufig.

Epith. ocellata hat nach Ehrenberg, der sie in einem Süsswasser-Mergel, von Morea gefunden, eine rechteckige Hauptseite, woher die gleichnamige Form in W. Smith's Synopsis nicht hieher zu ziehen ist. Nur grosse Exemplare zeigen bisweilen eine kurze Anschwellung der Mitte. Die von mir beobachteten Exemplare haben 3—4 Canäle, 17 Riefen auf 0,01'''. Länge bis 0,040'''. Figur 6.

Eunotia Ventriculus. E. magna, tenuis, curvata, ventre in media parte tumido, apicibus obtusis cuneatis. Mit 18 matten Riefen auf 0,01'''. Länge 0,022—0,074''', Breite $^1/_{16}$—$^1/_7$ der Länge, Dicke $^1/_3$—$^1/_4$ der Länge. Im Königsberger Lager häufig lebend. Fig. 7.

Himantidium regiomontanum. H. mediocre, dorso leviter convexo, apicibus subcontractis, in latus ventrale vergentibus, cuneatim prominentibus, rotundatis. Mit 16 gekörnten Riefen auf 0,01'''. Länge 0,022—0,027, Breite und Dicke = $^1/_6$ der Länge. Bänder von 5—10 Frusteln. Im Königsberger Lager häufig lebend. Fig. 8.

Odontidium acutum mit 12 groben Riefen auf 0,01'''. Fig. 9.

Odontidium Tabellaria ist Fragilaria Venter Ehg. Mikrogol. VIII I 12. und Fragilaria binodis Ehg. Mik. V II 2, nicht = Staurosira construens.

Odontidium ventricolosum. O. mediocre, media parte tumidum, apicibus rotundis. Mit 15 starken Riefen auf 0,01'''. Länge 0,013—0,023''', Breite $^1/_3$ der Länge. Bänder von 2—4 Frusteln. Fig. 10.

Fragilaria arcuata. Fr. major, a latere secundario anguste lanceolata, a latere primario binis lineis arcuatis significata. (Conf. Fragilaria striatula, W. Smith Synopsis Pl. XXXV. Fig. 298). Länge 0,020—0,045, Breite und Dicke = $^1/_{12}$ der Länge. Bänder von 4—24 Frusteln. Fig. 11.

Fragilaria contracta. Latus secundarium lineare, tenue, in media parte semel vel bis contractum, apicibus brevibus prominentibus acutis. Mit 25 feinen Riefen auf 0,01'''. Länge 0,013—0,026''', Breite $^1/_{12}$ der Länge. Die Nebenseite zeigt eine meistens unterbrochene Mittellinie. Nicht selten. Fig. 12. A. und B. die erste Form bei $^{800}/_1$, c. und d. die zweite bei $^{300}/_1$ Vergr.

Staurosira construens. Fig. 13.

Staurosira pinnata = Odontidium Harrisonii β W. Sm. Fig. 14.

Cyclotella spinosa. Discus radiatim punctato-striatus, in margine spinosus. Durchmesser der cyclotellenartig gebogenen Scheibe 0,015—0,026'''; am Rande gehen 13 punctirte Riefen auf 0,01'''; am äussern Ende jeder dritten oder zweiten steht ein starker Dorn. Bisweilen kann man die Riefen bis zum Centrum verfolgen, bisweilen bildet sich eine Art Innenscheibe. Nur in den oberen und mittleren Schichten des Lagers von Domblitten, hier aber überaus häufig. Fig. 15.

Orthosira Binderana, tonnenförmig. Scheibe mit 20 zahnartigen Randzacken auf 0,01'''. Ziemlich häufig lebend in offnen süssen Wassern und im Königsberger Lager.

Von Campylodiscus Clypeus habe ich nur eine zerbrochene Schale im Königsberger Lager und mehrere ebenfalls fragmentarische Frusteln im Torf am Ostseestrande bei Putzig gefunden.

Campylodiscus spiralis kommt nicht selten in der Moorerde von Steinbeck, auch in einem Graben von Labiau vor. Es ist interessant, die drehende und stossweise ausgeführte Bewegung anzusehen.

Surirella gracilis. Sur. minor, a media parte subcontracta, apicibus prominentibus truncatis. Mit 16 starken Randrippen auf 0,01'''. Länge 0,026 bis 0,030; Breite '/₃ der Länge; Dicke '/₄ der Länge. Nur 2 Exemplare beobachtet. Fig. 16.

Surir. dentata. Latus secundarium ovale vel acuto-ovale, latus primarium oblongum vel cuneatum. Mit 3—5 (bei ausgebildeten Exemplaren am Rande scheinbar gegabelten) Rippen auf 0,01''', die bei flügellosen (jüngern?) Exemplaren oft die Mitte nicht erreichen, welche dann ohne Spur von Mittellinie ist. Diese fand ich 0,063—0,098''' lang, die geflügelten Exemplare 0,076—0,143'''! lang. Nicht selten in offenen Süsswassern und im Königsberger Lager. Tafel IX. Figur 17.

Surir. didyma, nach Kützing eine brackische Form, ist von mir nur in süssem Wasser gefunden worden. Mit 5—6 sehr zarten Rippen auf 0,01'''. Länge 0,025—0,038'''. Breite und Dicke etwa '/₄ der Länge. Taf. VIII. Fig. 18.

Surir. constricta Ehg., von mir nur in Mergellagern beobachtet, ähnlich der gleichnamigen brackischen Form von W. Smith, aber schlanker, mit mehr gerundeten Enden und mit 4—5 zarten Rippen auf 0,01''', während jene 10—12 Rippen auf 0,001'' hat. Länge 0,037—0,050''', Breite kaum '/₆ der Länge. Fig. 19.

Surir. punctata m. = S. biseriata mit sehr starken Punkten. Sie verhält sich zur Grundform wie Campylodiscus costatus ¿? zu der ihrigen.

Die Gattung Tryblionella hat W. Smith nicht richtig aufgefasst. Die Frustel hat auf der gewundenen Nebenseite (Latus secundarium Kütz.) eine kielartige Erhöhung (oder auch durch Selbsttheilung herbeigeführte Vertiefung, wie bei Cyclotella), aber keine Flügel. So wenigstens meine Deutung der schwer verständlichen Formen.

Tryblionella punctata, die W. Smith bisweilen an der Küste von Sussex gefunden, lebt ziemlich häufig im Königsberger Lager, ist also eine Süsswasserform.

Tryblion. contracta schliesst sich an die vorige, ohne in sie überzugehen. Sie hat 16 punktirte Riefen auf 0,01'''. Länge 0,010—0,022''', Breite $^1/_4$ der Länge. Fig. 20. Die unten gezeichneten idealen Querschnitte zeigen, wie ich mir die verschiedenen Projectionen deute.

Tryblion. gracilis. Länge 0,043—0,057. Vergl. meine Fig. 21. mit der von Smith. Ich habe die durchscheinenden Kanten und Kiele durch Punkte bezeichnet.

Auch ist die Gattung Nitzschia von W. Smith nicht richtig gedeutet. Die hierher gehörigen Formen haben keinen Kiel. Was er einen Kiel nennt, ist die, von ihm in den Zeichnungen nach oben gekehrte, Kante zwischen Haupt- und Nebenseite. Der mittlere Querschnitt ist wohl immer ein Rhomboid. Wenn bei einer nach oben gekehrten Nebenseite die Randpunkte oder Randriefen auf der rechten Seite liegen, so liegen auf der untern Nebenseite die Randriefen bei der einen Gruppe ebenfalls auf der rechten Seite, bei der andern Gruppe auf der linken Seite. Jene nenne ich gleichriefig, diese diagonalriefig. Ich stimme somit hierin Herrn Hantsch bei, der sich „über die Gattung Nitzschia" in der Hedwigia, 1859, Nro. 4 ausführlicher ausspricht.

Die Form, die ich als Nitzschia sigmoidea aufgeführt habe, hat eine Nebenseite wie die von Smith, aber eine gerade Hauptseite.

Nischia flexa. Latus secundarium tenue, rhombicum, latus primarium sigmoideum, apicibus sensim attenuatis. Mit 15 Randstreifen auf 0,01'''. Länge 0,030—0,035''', Breite und Dicke = $^1/_{16}$ der Länge. Auf nassen Steinen nicht selten. Sie zeigt lebhafte Bewegung. (1 Zoll in 24 Minuten). Fig. 23.

Die Synedra, welche Kützing S. Ulna Ehg. nennt und zeichnet, ist S. rostrata Ehg. Mik. XIV 44.

Von Synedra lunaris fand ich 3 Exemplare auf einer Cymbella gastroides sitzend.

Synedra undulata verwandt mit Syn. lunaris, bilunaris und curvula. Länge 0,025—0,027''', Breite $^1/_{12}$ der Länge, Dicke etwa $^1/_{15}$ der Länge; mit 22 feinen nicht durchgehenden Riefen auf 0,01'''. Nicht selten im Königsberger Lager. Fig. 24.

Gomphonema Cygnus mit rundem Centralknoten, abgerundetem unterm Ende. Hauptseite in der Mitte eingezogen. Bis 0,048''' lang, mit 17 Riefen auf 0,01'''. Nicht selten im Königsberger Lager. Taf. IX. Fig. 26.

Gomph. longiceps ist ähnlich, doch ist das untere Ende der Hauptseite wie abgeschnitten und verhältnissmässig etwas breiter, $= \frac{1}{2}$ der mittleren Breite; die schmale Mittellinie und der längliche Centralflecken ziemlich deutlich. Hauptseite keilförmig, oben 1½ mal so breit als unten. Länge 0,022—0,040''', Breite ¼ der Länge, mit 16 weichen Riefen auf 0,01'''. Ziemlich häufig in Kalklagern. Ehrenberg hat sie in den Lagern von Berlin und Eger gefunden. Fig. 27.

Bei Gomphonema nasutum und laticeps sind die oberen kopfförmigen Enden stark verbreitert, bei jenem die darunter befindliche Einschnürung geringer als bei dem letzteren. In einem Exemplar jener Varietät fand ich gut ausgebildete glänzende Würfelkrystalle. Fig. 28.

Gomph. Sagitta simile G. acuminato tenuissimo. Länge 0,018—0,020''', Breite ⅕ der Länge, mit 22 sehr feinen Riefen auf 0,01'''. Oefters im Kalkmergellager von Saalau. Fig. 29.

Gomph. Mustela. Nebenseite mit kurzer mittlerer Anschwellung und rundkeilförmigem Kopfe, der nicht ganz so breit (nach Ehrenberg bisweilen auch breiter) als die Mitte ist. Mittellinie fein, Centralknoten matt umgrenzt; mit 13 starken Riefen auf 0,01'''. Hauptseite wenig keilförmig. Länge 0,043—0,047''', Breite ⅕ der Länge. Es lebt nicht selten im Königsberger Lager. Fig. 30.

Gomph. Vibrio gehört zu den unsymmetrischen, da stets eine Nebenseite convexer ist als die andere. Siehe Figur 31. Es kommt häufig lebend im Königsberger Lager und in den kleineren Lagern von Trutenau und Steinbeck vor. Ein Exemplar habe ich auch in einem Kalkmergellager gefunden.

Gomph. fractum. Latus secundarium oblongo-rhombicum vel in media parte tumidum, apicibus truncatis rotundatis; alterum convexum sine linea media et nodulo centrali, alterum concavum linea media et nodulo centrali oblongo praeditum. Latus primarium fractum, in media parte ab altero margine obtusum, ab altero contractum. Länge 0,015—0,021''', Breite ½ der Länge, Dicke ¹/₁₀ bis ⅕ der Länge; mit 22 feinen Riefen auf 0,01'''. Diese im Königsberger Lager häufig, in offenen Süsswassern nicht selten vorkommende Species schliesst sich an G. curvatum an. Fig. 32.

Pinnularia nobilis und major mögen wohl verschiedene Jahrgänge derselben Species sein; jene mit 9—10, diese mit 10—13 Riefen auf 0,01'''.

Bei jener ist jede canalartige Riefe durch Querbinden in 3, bei dieser in 2 Stücke getheilt; auch kommen Formen vor, in denen eins der 3 Stücke, und zwar das der Mittellinie zunächst gelegene, sehr kurz ist. Jene Querbinden scheinen indess nicht Unterbrechungen des nach Innen concaven Canales anzudeuten, sondern nur Perioden des Wachsthums.

Pinnularia oblonga W. Sm. ist = P. viridula Ehg., nicht = P. macilenta Ehg., bei der die Nebenseite nach den Enden hin kaum merklich schmäler wird, die Riefen fast steil sind.

Pinn. Esox mit 16 kurzen starken Riefen auf 0,01'''. Länge 0,051—0,076'''. Die Hauptseite ist durch die sehr kurzen Längslinien characterisirt. Fig. 36.

Da Ehrenberg mit dem Namen **Pinnularia dicephala** verschiedene gradrandige, steilriefige Formen bezeichnet (siehe Mikrogeol. III II 10, V I 19, VI I 10 a, X II 8), so schlage ich für diese schöne, in stets gleicher Gestaltung auftretende, Species den Namen **Navicula Undula** vor. Länge 0,034—0,42''', Breite etwa 1/5 der Länge, mit durchschnittlich 22 geneigten Riefen. Sie lebt häufig im Königsberger Lager. Fig. 37.

Navicula Scutum. Nebenseite wie die von Cocconeis borealis Ehg. Mikrogeologie XIV 20, mit schwacher Mittellinie, länglichem Nabel, wenig geneigten Riefen, die nach den Enden hin dichter werden und schwer sichtbar sind. Im Mittel gehen 33 Riefen auf 0,01'''. Sie ist 0,012—0,016''' lang; Breite nicht voll = 1/2 der Länge. Nicht selten im Königsberger Lager. Fig. 45.

Navicula cocconeiformis ist wohl bisher als Cocconeis striata Ehg. Amer. III I 30 beschrieben worden. Nebenseite elliptisch mit hellem schmalem Rande; die starke Mittellinie wird von zwei Längslinien begleitet, die um den runden Centralknoten bogig herumlaufen und von den gekörnten Riefen erreicht werden. Länge 0,010—0,012''', Breite mehr als 1/2 der Länge, mit 19 Riefen auf 0,01'''. Selten im Königsberger Lager. Fig. 46.

Navicula Iridis, die Ehrenberg lebend aus New-York erhalten, lebt häufig im Königsberger Lager. Die Nebenseite ist elliptisch, hat aber auch oft eine oder zwei Einschnürungen auf jeder Seite der Mitte. Fast bei allen Exemplaren treten innere Randleisten der Schale bis tief in die Frustel hinein; characteristisch aber ist es, dass das Kieselband ebenfalls quergestreift ist. Von den, bei schiefem Spiegel deutlichen, steilen Riefen gehen durchschnittlich 30 auf 0,01'''. Länge 0,043—0,100'''. Eine verwandte, ebenfalls irisirende Form kommt in Kalkmergellagern vor.

Ueber **Navicula laevissima** vergleiche W. Smith's Synopsis, Theil II. Seite 91.

Navicula dispar. N. mediocris, oblonga, apicibus cuneatim attenuatis, truncatis, linea media leviter sigmoidea, nodulo centrali subquadrato, striis transversalibus validis a margine longitudinali altero longis, ab altero brevibus praedita (16 in 0,01'''). Länge 0,022—0,027''', Breite etwa ⅕ der Länge. Manche Exemplare sind an den Enden stark abgerundet. Wenn eine Nebenseite dem Beobachter zugekehrt ist und die langen Riefen oben auf der rechten Seite liegen, so liegen sie unten auf der linken Seite. Die Form ist also diagonalriefig, wie eine Gruppe der Gattung Nitzschia. Bei N. dispar ist zugleich die kurzriefige Seite concav. Länge 0,022—0,027''', 16 starke Riefen auf 0,01'''. Sie lebt im Königsberger Lager und in der Sumpferde von Trutenau, zeigt sich indess nicht häufig. Fig. 50.

Navicula Trochus. Länge 0.015—0,018''', Breite nicht voll = ¹⁄₂ der Länge. Mit feiner Mittellinie, mattumgrenztem Centralflecken, meistens mit Linien neben dem Rande, mit 29 wenig geneigten feinen Riefen auf 0,01'''. Nicht häufig im Königsberger Lager. Fig. 52.

Navicula Esoculus. Latus secundarium rhombicum, rotundatum, bis leviter constrictum, media linea triplici, lineis marginalibus, nodulo centrali magno elliptico. Sie zeigt bei schiefem Spiegel matte Querstreifen (16 auf 0,01'''), die indess wohl Wellenthäler der Schale, nicht Riefen, sein mögen. Länge 0,031 0,035. Ich habe sie zweimal im Königsberger Lager lebend beobachtet. Sie erinnert durch die Gestalt an Pinnularia Esox. Fig 53.

Stauroneis Meniscus. Latus secundarium menisciforme, linea recta triplici, striis validis (18 in 0,01'''). Länge 0,025—0,027, Breite = ⅔ der Länge. Nicht häufig im Königsberger Lager. Fig. 54.

Stauroneis Eichhornii omnino ad instar menisci formata, striis transversalibus ornata in margine tantum conspicuis, in superficiei media parte tenerrime punctatis. Länge 0,022—0,026''', mit 24 Riefen auf 0,01'''. Nur 2 Exemplare im Königsberger Lager beobachtet. Bei beiden zeigte die Hauptseite ganz gleichförmig eine starke Biegung. Der Name dieser schönen Form mag an den ersten Beobachter Preussischer Diatomeen, den Danziger Pastor Eichhorn, erinnern. Fig. 55.

Stauroneis pumila, die Kützing aus dem Hafen von Christiania erhalten, ist eine Süsswasserform, mit 20 Riefen auf 0,01'''. Länge 0,007—0,009'''.

Pleurostaurum acutum Rabenh. = Stauroneis acuta W. Smith. Ich habe Bänder von 3—5 Frusteln beobachtet. Bei lebenden Exemplaren sind die wulstförmig vortretenden Striemen der Hauptseite mit grünbraunem Stoffe angefüllt.

Amphiprora paludosa, eine überaus zarte Form, die kaum zu sehen ist. Ich hatte Gelegenheit alle Stadien der Selbsttheilung zu verfolgen. Die Nebenseite, die W. Smith halb gewendet zeichnet, ist ein Meniscus mit etwas vortretenden abgerundeten Enden. Länge 0,020—0,040‴. Fig. 56.

Mastogloia antiqua. M. oblonga apicibus cuneatis truncatis, vel menisciformis, vel rhomboidea, linea media triplici, fascia umbilicali transversali non percurrente. Mit 25—28 Riefen auf 0,01‴. Länge 0,013—0,025‴. Die Striemen der Hauptseite in (oft auf der Nebenseite durchscheinende) Felder getheilt, von denen 10—12 auf 0,01‴ gehen. In den Kalklagern von Arclitten, Ernsburg, Bonslak und Gr. Saalau sehr häufig. Fig. 58. Die Figuren C, D und E. sind nach geglühten Exemplaren gezeichnet.

Stephanodiscus Bramaputrae. Die wenig convexe Scheibe, deren Durchmesser 0,035—0,042‴ beträgt, zeigt runde Zellen oder Höcker, die bisweilen strahlig, bisweilen in Spiralbogen geordnet erscheinen. Am Rande stehen langelliptische helle Flecken. Etwa 2 dieser Flecken und 16—17 Strahlen gehen auf 0,01‴. Ich habe 2 aus der Ostsee bei Memel entnommene, gut erhaltene, Exemplare beobachtet. Fig. 59.

In den offenen Süsswassern sind somit . 175
im Königsberger Lager 187
in den alluvialen Kalkmergellagern 107
in brackischen Wassern 23
in der Ostsee 23
in dem diluvialen Lager von Domblitten . . 86
im Bernstein 18
von preussischen Diatomeen überhaupt . . . 298 Arten und Varietäten und mit Uebergehung der letztern 288 Species gefunden worden.

Die Liste der Formen, die in offenen Süsswassern leben, wird durch spätere Beobachter merklich erweitert werden; namentlich wird sich wohl eine grosse Zahl derer, die bisher nur im Königsberger und in Kalkmergellagern beobachtet worden, auch in stehenden oder fliessenden Süsswassern auffinden lassen. Vergleicht man das Königsberger Lager mit dem von Berlin, so findet man in ihnen 40 Lebensformen gemeinsam; 147 Arten finden sich im Lager von Königsberg, die dort fehlen, 51 im Berliner Lager, nach denen hier vergebens gesucht worden. Von den 187 Arten sind nur 13 von mir auch in schwach salzigen Wassern gefunden, unter denen aber nicht eine ist, die entschieden brackisch oder marin genannt werden müsste. Hiernach muss das Diatomeen-Lager von Königsberg als eine reine Süsswasserbildung angesehen werden. Es hat somit keine Zeit gegeben, in welcher — etwa in Folge einer schnellen Senkung dieses Theiles von Preussen — Seewasser in das Bette des Pregels eingedrungen.

Die alluvialen Kalkmergellager haben als eigenthümliche, d. h. an andern Orten Preussens von mir nicht beobachtete, Formen folgende: Epithemia longicornis, Staurosira pinnata, Cyclotella antiqua, Cocconeis striolata, Navicula angustata, Mastogloia antiqua, unter denen nicht eine Species brackisch ist. Auch die andern sind Süsswasserformen, mit Ausnahme von Navicula didyma, die ich im Mergellager von Kukehnen bei Zinthen gefunden. Abgesehen von dieser Ausnahme sind somit unsre Kalkmergel-Lager sämmtlich Bildungen des süssen Wassers.

In den schwach salinischen Quellen von Ponnau kommen nur folgende 5 Formen vor, die als brackische, salinische oder Seeformen bekannt sind: Nitzschia parvula, Synedra subtilis, Achnanthes subsessilis, Navicula veneta und die auch im süssen Wasser lebende Amphiprora paludosa; während die übrigen 9 Formen dem süssen Wasser angehören. Ebenso sind unter den in der Ostsee gefundenen Arten nur folgende 12 entschieden marin: Fragelaria amphiceros, Synedra Gallionii, Cocconeis pygmaea und Scutellum, Navicula italica und didyma, Podosphenia ovata, Grammatophora marina, Coscinodiscus radiatus, excentricus, subtilis, Amphitetras parallela; die übrigen brackisch.

Dem diluvialen Kalkmergel sind eigenthümlich: die schöne Epithemia Hyndmanni, die W. Smith in einem dem Süsswasser angehörigen Diatomeen-Lager Englands entdeckt hat, ferner eine Varietät von Surirella biseriata, dann Stephanodiscus Niagarae und die brackische Species Mastogloia lanceolata. Unter den übrigen findet sich noch eine halbbrackische Form: Epithemia proboscidea und zwei entschiedene Meeresformen: Navicula italica und didyma, die beide in dem Lager sehr häufig sind. Sie weisen darauf hin, dass das Becken, in welchem sich nach Abfluss des älteren Diluvialmeeres das Domblitter Lager bildete, mit dem Meere in irgend welcher Verbindung geblieben — vielleicht durch das Bette des heutigen Strading, eines Nebenflüsschen des Frisching, der 1½ Meilen von Domblitten ins frische Haff fliesst. Ein Gleiches gilt von dem benachbarten Lager von Kukehnen bei Zinthen.

Ueber den Lebensformen, die einst vom Harze der Bernsteinfichte umflossen worden, befindet sich keine, die als brackisch oder marin angesprochen werden müsste. Die meisten derselben sind zweifellos identisch mit den noch heute in unsern süssen Wassern lebenden; und mit Wahrcheinlichkeit werden die Arten, die wir vorläufig als ausgestorben zu bezeichnen genöthigt worden, sich unter den noch lebenden auffinden lassen. Denn immer deutlicher stellt es sich heraus, dass den schönen Gebilden, die durch die Mannigfaltigkeit ihrer Schalenstructur, durch die Mystik ihrer Bewegungen und durch ihre nur zum Theil aufgeklärte Entwickelung so viele Naturforscher und Naturfreunde in Anspruch nehmen, eine Lebenskraft verliehen worden, die so durabel ist wie der Kiesel, aus dem sie ihre Panzer bilden.

Schriften d Physik Oek Gesell. zu Königsberg Jahrg 1862

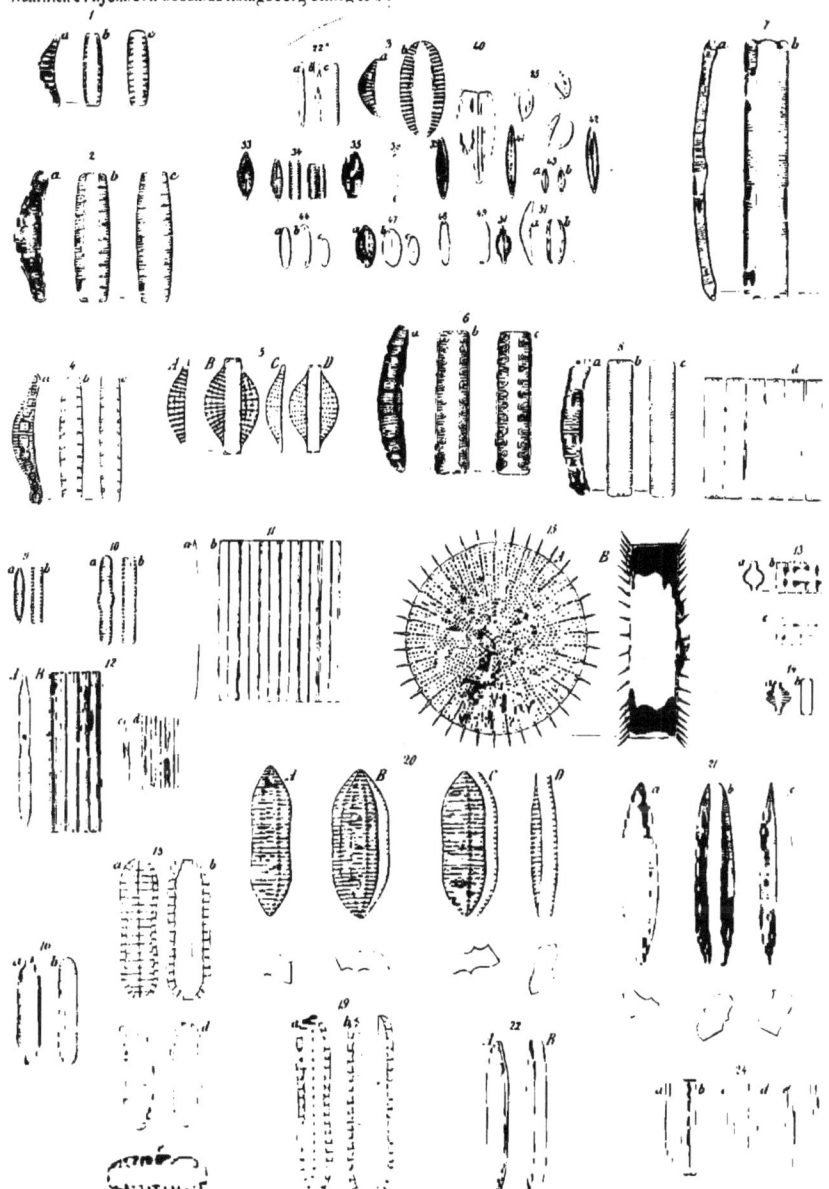

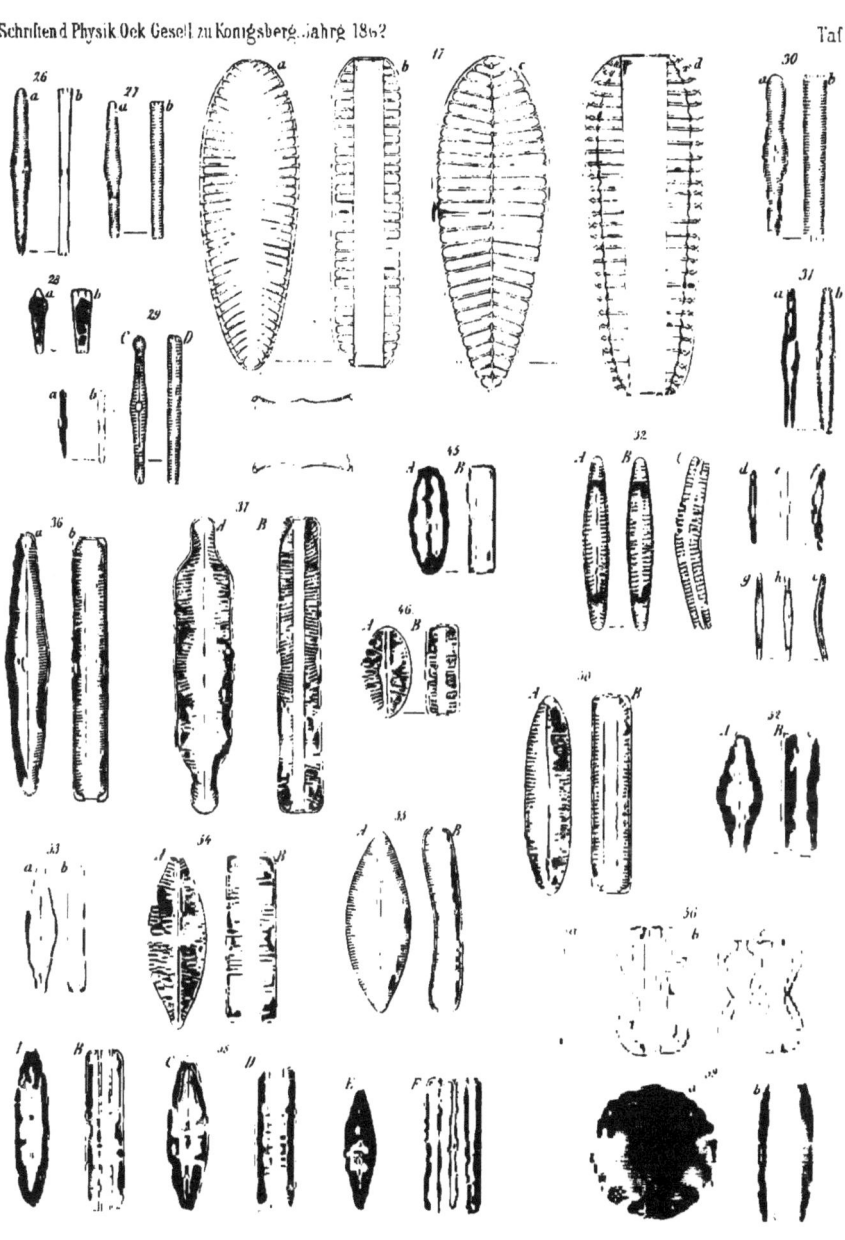

Preussische Diatomeen.

Mitgetheilt von Oberlehrer J. Schumann.

Nachtrag. Hiezu Tafel II.

In diesen Schriften (Dritter Jahrgang 1862. Königsberg 1863. Seite 166 bis 192. Tafel VIII. IX.) habe ich die Namen nebst einigen Bemerkungen und Abbildungen der von mir beobachteten Diatomeen, die in Preussen leben oder gelebt haben, mitgetheilt und dabei in Bezug auf den Aufenthalt dieser kleinen kieselschaaligen Gebilde sieben Lokalitäten gesondert, denen ebenso viele Columnen der Liste entsprechen. Da drei dieser Reihen bis jetzt keine bemerkenswerthen Veränderungen erlitten haben, so führe ich hier nur folgende vier auf: 1) offene Süsswasser, in der Tabelle mit S. bezeichnet, 2) das Königsberger Diatomeen-Lager, mit dem Zeichen K., 3) alluviale Kalkmergel M., 4) das diluviale Kalkmergellager von Domblitten D. Von den unsere Kenntniss der Diatomeen wesentlich erweiternden Arbeiten des Herrn A. Grunow habe ich die erste und zweite Folge (Verhandlungen der zoologisch-botanischen Gesellschaft in Wien. Jahrgang 1862. Seite 315—472, 545—588. Taf. III.—VII., XIII., XVIII.) erst jetzt nutzen können.

Ueber meine optischen Hülfsmittel bemerke ich noch, dass ich in der früheren Zeit mit einem Schiek'schen Mikroskope beobachtet habe, das bei 300facher Vergrösserung sehr scharfe Umrisse zeigt, mit dem aber feinere Riefensysteme nicht gesehen werden können. Zur Revision meiner Beobachtungen erhielt ich indess einige Monate vor Veröffentlichung der oben erwähnten Liste durch Herrn Professor Caspary ein Mikroskop von Hasert in Eisenach, das bei 600facher Vergrösserung mit grosser Kraft auch die feinere Schalenstructur auflöst. Für diese Gefälligkeit sage ich Herrn Professor Caspary hiemit meinen besten Dank. Nachträglich habe ich von Hasert ein Mikroskop erhalten, das mit dem schwächsten Ocular, bei $9'/_5$ Par. Zoll Sehweite, eine 900fache Vergrösserung giebt, bei der ich bis gegen 90 Riefen auf 0,01''' beobachten kann. Mit diesem ausgezeichneten Instrumente habe ich mehrere zweifelhafte Formen schärfer fixirt, unter besonders günstigen Umständen namentlich eine Probe eines Kalkmergellagers genauer untersucht. Das Lager zieht sich von einer Bucht des grossen Spirdingsees, dem so genannten Sextersee, nach dem südlich gelegenen Roschesee hin und wird hier von einem Canale durchfurcht, der das südliche Masuren mit dem nördlichen in Verbindung setzt. Dieses Lager, auf das ich nachfolgende Beobachter aufmerksam mache, ist an Diatomeen-Formen so reich, dass ich in der kaum einen Kubikzoll grossen Probe mürben Mergels 74 Species habe auffinden können.

Auf der beigegebenen Tafel bezeichne ich die bei 300-, 600- und 900facher Vergrösserung entworfenen Abbildungen respective mit kleinen lateinischen, grossen lateinischen und kleinen griechischen Buchstaben.

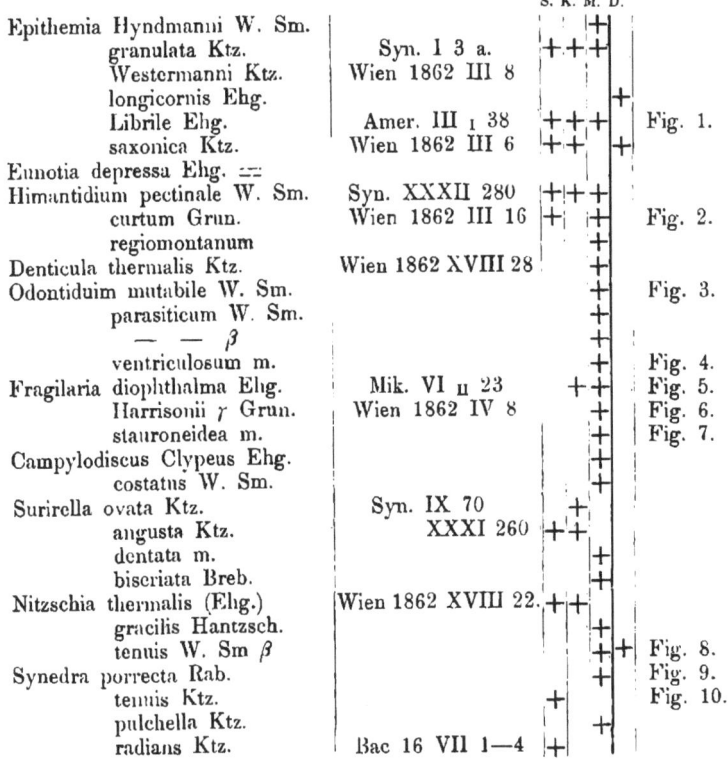

Epithemia Hyndmanni W. Sm.
    granulata Ktz.
    Westermanni Ktz.
    longicornis Ehg.
    Librile Ehg.
    saxonica Ktz.
Eunotia depressa Ehg. =
Himantidium pectinale W. Sm.
    curtum Grun.
    regiomontanum
Denticula thermalis Ktz.
Odontiduim mutabile W. Sm.
    parasiticum W. Sm.
    — — β
    ventriculosum m.
Fragilaria diophthalma Ehg.
    Harrisonii γ Grun.
    stauroneidea m.
Campylodiscus Clypeus Ehg.
    costatus W. Sm.
Surirella ovata Ktz.
    angusta Ktz.
    dentata m.
    biseriata Breb.
Nitzschia thermalis (Ehg.)
    gracilis Hantzsch.
    tenuis W. Sm β
Synedra porrecta Rab.
    tenuis Ktz.
    pulchella Ktz.
    radians Ktz.

	S. K. M. D.	
Synedra splendens Ktz. = radians W. Sm.	Syn. XI 89 α. ++	
— — β	89 β. +	
Cocconeis pygmaea Ktz.		Fig. 11.
pumila Ktz.	+	Fig. 12.
Cymbella maculata Ktz.	Syn. II 23 +	
affinis Ktz.	XXX 250 ++	
Cocconema lanceolatum Ehg.	++	
Lunula Ehg.	+	
Encyonema prostratum Ralfs	+	
Sphenella rostellata Ktz.	+	Fig. 13.
obtusata Ktz.	+	Fig. 14.
vulgaris Ktz.	+	Fig. 15.
Gomphonema sphenelloides Rab.	++	Fig. 16.
angustum Ktz.	Bac. 8 IV + +	Fig. 17.
americanum Ehg	+++	Fig. 18.
subtile Ehg.	++	Fig. 19.
Pinnularia Dactylus Ehg.	Mik. XXXIII IX 7 +	Fig. 20.
Navicula rhynchocephala Ktz.	Bac. 30. 35 +	
viridula Ktz.	Syn. XVIII 175 +	
amphioxys Ehg.	Amer. I II 15 +	Fig. 21.
gracilis Ehg.	Wien 1860 IV 27 +	
oblonga β. Grun.	25 +	
latiuscula Ktz.	Syn. XVI 139 +	
Seminulum Grun.	++	
scutelloides Grun.	+	Fig. 22.
Disculus n. spc.	++	Fig. 23.
Atomus Grun.	Wien 1860 IV 6 +	Fig. 24.
minutissima Grun.	3 +	
dubia Ehg.	Amer. II II 8 + +	Fig. 25.
firma Ktz.	Wien 1860 V 1 ++ +	
Brebissonii Ktz.	Syn. XIX 178 +	
gibba Ktz.	180 +	
obbusa W. Sm.	XVI 140 +	
tumida β.	Wien 1860 IV 43 b. c. + +	
biceps Ehg.	Amer. III I 13 ++	Fig. 26.
gibberula Ktz.	Wien 1860 V 8 a.	
β. limosa Ktz.	b. +	
mesolepta d. Grun.	IV 22 b. +	
Stauroneis gracilis Ehg.	+	
anceps Ehg.	+	Fig. 27.
truncata Rab.	+++	Fig. 28.
dilatata W. Sm.	+	
amphicephala Ktz.	Bac. 30. 25. + +	Fig. 29.
Fenestra Ehg.	Amer. II I 20.	
pumila Ktz.	+	Fig. 30.

		S. K. M. D.	
Pleurosigma acuminatum Grun.	Wien 1860 VI 6	++	
Spenceri W. Sm.			
Amphora ovalis Ktz.		+	
borealis Ktz.		+	Fig. 31.
Mastogloia Smithii Thw.	Syn. LIV 352	++	
Grevillii W. Sm.	LXII 389	+	

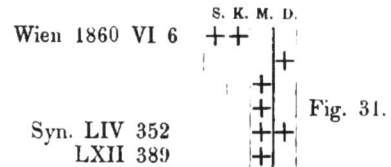

Epithemia turgida Ktz. ist nach meinen Beobachtungen 0,028—0,56'" lang und hat durchschnittlich 9 Canäle, 18 Punktreihen auf 0,01'" Par. Die Hauptseite hat stets convexe Seitenränder und ist bei den aus der Ostsee stammenden Exemplaren so stark aufgedunsen, dass ihre Breite nicht selten die Hälfte der Länge erreicht und übersteigt. Wie Grunow (Wien 1862. S. 325) bemerkt, hat W. Smith die Streifung bei viel stärkerer Vergrösserung gezeichnet als den Umriss.

Epith. granulata Ktz. Länge 0,042—0,106'", Canäle und Punktreihen wie bei der vorigen. Die Hauptseite stets mit wenig convexen Seitenrändern (W. Smith zeichnet irrthümlich die Hauptseite rechteckig). Sie schliesst sich an jene an, doch scheint diese lange Form in der Ostsee nicht vorzukommen. Bei Epith. Westermanni Ktz. Bac. 5 XII. möge statt des falschen Citates Syn. l. 11 gesetzt werden: Wien 1862 III 8, da diese Zeichnung die Kützing'sche Form gut darstellt. Die Hauptseite ist rechteckig.

Epith. Librile Ehg. Nebenseite sehr wenig gekrümmt, kurz vor den Enden stark zusammen gezogen, so dass die Endbreite etwa ³|₇ der mittleren Breite ist. Die bei den Epithemien häufig durchscheinenden in der Mitte zusammentretenden Bogenlinien fehlen. Haupseite stets rechteckig. Länge 0,020 bis 0,032'", durchschnittlich mit 7 Canälen, 28 Punktreihen auf 0,01'". Fig 1. Diese in Preussen häufig auftretende Form ist wohl Epith. Librile, die Ehrenberg aus einem Süsswasser Mexikos erhalten, wenngleich ich nur bei einem der von mir beobachteten Exemplare die Enden merklich zurückgekrümmt fand. Die Nebenseite hält die Mitte zwischen den beiden Formen, die Grunow (Wien 1862, S. 325, Tafel IV. Nro. 2) als Epith. turgida α. genuina beschreibt und abbildet.

Himantidium Arcus γ. curtum Grunow Wien 1862, S. 339 kommt auch in Preussen öfter getrennt von der Hauptform vor. Fig. 2.

Denticula obtusa Ktz. in W. Smith's Synopsis = Dent. Kützingiana Grunow, Wien 1862, S. 548, XVIII 15 hat durchschnittlich 10 Canäle,

30 Riefen auf 0,01'''. Sie kommt in mehreren Mergellagern stets in Gemeinschaft mit Dent. thermalis Ktz. vor.

Die Diatomeen, die ich als Odontidium turgidulum, rotundatum und glaciale aufgeführt habe, sind wohl nicht richtig bestimmt. Die erste langbäuchig und zugespitzt, 0,006—0,012''' lang, durchschnittlich mit 18 Rippen auf 0,01''', Fig. 3 A. B.; die zweite elliptisch, 0,006—0,009''' lang, durchschnittlich mit 17 Rippen auf 0,01''', Figur 3 C. D. E., beide mit schmalen rechteckigen Hauptseiten; die dritte eiförmig, 0,004—0,009''' lang, durchschnittlich mit 12 Rippen auf 0,01''', mit breiten trapezförmigen Hauptseiten, Fig. 3 F. G. Alle drei wohl nur Varietäten von Odontidium mutabile W. Smith, das Grunow (Wien 1862, S. 369) der unterbrochenen Rippen wegen zu Fragilaria zieht.

Bei Odont. ventriculosum sind die Rippen wohl immer unterbrochen, was freilich bisweilen schwer sichtbar ist. Fig. 4.

Fragilaria diophthalma Ehg. Mikrog. VI [1] 48 b. [II] 23 und Rabenhorst S. Diat. I 7. Nebenseite rhombisch-lanzetförmig. Länge 0,003—0,006''', mit 40 nicht durchgehenden Riefen auf 0,01'''. Figur 5. Vielleicht als kleine Varietät zu den langlanzetlichen Fragilaria zu ziehen, die Kützing und Rabenhorst als Frag. capuzina aufführen.

Frag. Harrisonii γ dubia Grunow Wien 1862, S. 368 IV 8. Nebenseite meniscusförmig oder elliptisch mit vortretenden Spitzen. Länge 0,004 bis 0,007''', Breite etwa ¹|₂ der Länge, mit 24 unterbrochenen Riefen auf 0,01'''. Häufig im Kalkmergel des Spirding. Fig. 6. Vielleicht gehören die elliptischen Frusteln nicht hieher.

Frag. stauroneidea m. Nebenseite rechteckig, in der Mitte bisweilen etwas eingezogen, mit vortretenden Spitzen, mit 42 Riefen auf 0,01''', durch deren Unterbrechung ein scharf markirter heller Längsstreifen, meistens auch ein derartiger Querstreifen entsteht, so dass man an eine Stauroneis erinnert wird. Länge 0,004—0,005'''. Ebenfalls häufig im Mergel des Spirding. Fig. 7. Aehnlich der Fragilaria mutabilis β intermedia Grunow Wien 1862, S. 369 IV 9 c. Doch hat Odont. mutabile noch W. Smith 20 deutliche Randriefen auf 0,001'' Engl., während die von mir beobachteten Schalen mehr als doppelt so dichte matte körnige Querstreifen haben.

Cyclotella spinosa habe ich in meiner früheren Mittheilung (Seite 191 Zeile 4 von unten) aus Versehen Stephanodiscus Niagarae genannt, welchen Fehler ich zu berichtigen bitte.

Pyxidicula minor Ktz. Durchmesser der Kugel 0,007—0,011′′′, mit schmaler Verbindungsmembran, deren Rand zarte Querstreifen trägt. Wahrscheinlich, wie auch Kützing vermuthet, keine selbstständige Art, sondern eine Sporangialfrustel einer Melosira nach Verlust der beiden Seitenkappen. Vergl. W. Smith's Synopsis LXI 286 b.

Campylodiscus costatus hat, zwischen den Canälen, 42 gekörnte Streifen auf 0,01′′′. Derartige Körnerreihen fand ich auch bei allen Surirellen, die ich darauf hin genauer untersucht habe, und zwar bei Surirella minuta und biseriata durchschnittlich 38, bei Sur. panduriformis 40. bei Sur. angustata 36, bei Sur. constricta Ehg. 30, bei Sur. dentata 42 auf 0,01′′′. Ob die Formen, die ich zu Sur. microcora gezogen habe, richtig bestimmt sind, ist mir zweifelhaft, da sie nur 5—6 Canäle auf 0,01′′′ haben, während bei der Ehrenbergschen Surirella nach der Zeichnung 6—7, nach der Beschreibung 10 auf 0,01′′′ gehen.

Cymatopleura elliptica hat 42 Punktreihen auf 0,01′′′.

Tryblionella angustata zeigt bisweilen, abgesehen von den Punktreihen, canalartige Streifen und zwar 10 auf 0,01′′′, auch fand ich eine Frustel (Sporangialform?) von 0,063′′′ Länge.

Statt der brackischen Nitzschia dubia W. Sm. Syn. XXXI 112 β möge gesetzt werden Nitzschia dubia Hantzsch Wien 1862 S. 368 XVIII 24. falls sie von jener verschieden sein sollte. Sie ist nach meinen Beobachtungen 0,022—0,036′′′ lang und hat 13—15 Randpunkte, 41—43 feine Punktreihen auf 0,01′′′. Der mittlere Randpunkt fehlt.

Nitzschia Ehrenbergii m. = Synedra spectabilis Ehg. ist eine Süsswasserform, wie alle Citate Ehrenbergs in seinem Werke über das mikroskopische Leben in Süd- und Nord-Amerika und in seiner Mikrogeologie lehren. Ich fand sie 0,088—0,127′′′ lang, mit 8—9 Randpunkten auf 0,01′′′. Vergl. Nitzschia spectabilis Grunow Wien 1862 S. 574.

Nitzschia tenuis β. Länge 0,030—0,046, Breite 0,003—0,004′′′, mit 14 Randpunkten, unter denen der mittlere nicht fehlt, und 60 (55—65) sehr zarten punctirten Querstreifen, die nahe am Bauchrande eine stärkere Punktreihe (vortretende Leiste?) zeigen. Die Nebenseite leistenförmig mit keilförmigen Enden. Oefters in den Mergellagern des Spirding und von Domblitten. Fig. 8. Sie schliesst sich an Nitzschia tenuis an, bei der aber der mittlere Randpunkt fehlt.

Bei der diagonal-riefigen **Nitzschia acicularis** finde ich auf 0,01‴ durchschnittlich 41 Randpunkte, 85 sehr zarte Querriefen, die eine am Bauch- und Rückenrand gleich weit abstehende stärker markirte Punktreihe bilden.

Synedra porrecta Rabenh. Länge 0,016—0,023‴, Breite bis 0,002‴, mit 22 Riefen auf 0,01‴. Nebenseite leistenförmig mit etwas schnibbenförmigen, nicht angeschwollenen Enden, deren Länge etwa $\frac{1}{6}$ der ganzen Länge, deren Breite etwa $\frac{1}{3}$ der mittleren Breite beträgt. Hauptseite leistenförmig. In offenen Süsswassern, im Königsberger Lager und im Kalkmergel des Spirding. Fig. 9.

Syn. gracilis Ktz., die ich im süssen Wasser gefunden zu haben glaubte, muss gestrichen werden, da sie salinisch und marin ist.

Syn. tenuis Ktz.? Länge 0,040—0,068‴. Nebenseite mit convexen Rändern und etwas angeschwollenen Enden, deren Breite etwa $\frac{2}{6}$ der mittleren Breite ist, mit 32 Riefen auf 0,01‴, die einen nach der Mitte hin sich verbreiternden Längsstreifen frei lassen. Hauptseite nach den Enden hin sich wenig verschmälernd. Sie bildet auf Schleimpolstern sitzende Täfelchen von 3—4 Frusteln. Im süssen Wasser und in der salzarmen Ponnauer Saline. Fig. 10.

Cocconeis pygmaea, truppweise in Schleimmassen auftretend. Länge 0,003—0,005‴. Elliptisch mit etwas abgestumpften Enden, mit 34 Riefen auf 0,01‴. Die Breite verhält sich zur Länge wie 2 zu 3. I.\ der Ostsee. Fig. 11.

Cocc. pumila. Länge 0,005—0,008‴, mit 62 ziemlich steilen Riefen auf 0,01‴. Die Breite verhält sich zur Länge wie 3 zu 7. Fig. 12.

Cocc. Thwaitesii hat in der Mitte 40—50 deutliche, an den Enden 60—70 schwer sichtbare Riefen auf 0,01‴.

Bei **Achnanthes exilis** fand ich durchschnittlich 72 Riefen auf 0,01‴.

Sphenella rostellata. Länge 0,009—0,013‴, mit 32 Riefen auf 0,01‴. Fig. 13.

Sphen. obtusata. Länge 0,013—0,015‴, mit 29 Reifen auf 0,01‴. Fig. 14. Sie bildet öfters Täfelchen von 4 bis 6 Frusteln. Fig. 14 b. zeigt das Abschieben einer Frustel von den andern.

Sphen. vulgaris. Länge 0,009—0,015‴, mit 24 Riefen auf 0,01‴. Fig. 15. Wie jene in Gräben und sanft fliessenden Bächen.

Gomphonema sphenelloides. Länge 0,008—0,010‴, mit 22 Riefen auf 0.01‴. Fig. 16.

Gomph. angustum. Länge 0,013—0,018‴, mit 25 Riefen auf 0,01‴. Langeiförmig, etwa 6 mal so lang als breit; der Centralknoten wenig sichtbar. Fig. 17.

Gomph. americanum. Länge 0,011—0,030''', mit 23 Riefen auf 0,01'''.
Fig. 18. Sie ist kleiner und feiner gerieft als G. Mustela, die nur 13 Riefen auf 0,01''' hat.

Gomph. subtile. Länge 0,018—0,021''', mit 20 Riefen auf 0,01'''.
Fig. 19. Nicht selten in mehreren Mergellagern.

Pinnularia Dactylus Ehg. = Navicula Dactylus Ktz. Nebenseite genau leistenförmig, mit keilförmigen abgekuppten Enden (Ehrenberg zieht auch Formen mit runden Enden hieher), mit wenig geneigten zweitheiligen starken Riefen. Bei den 4 aus verschiedenen Mergellagern stammenden Exemplaren fand ich die Länge 0,043—0,065''' und stets 11 Riefen auf 0,01'''. Fig. 20. Sie schliesst sich an Pinn. nobilis an.

Nav. rhynchocephala Ktz. = Grunow, Wien 1860 IV 31 b. = W. Smith's Synopsis XVI 132. Die Breite der mehr oder weniger hervortretenden Enden schwankt zwischen $^1/_5$ und $^1/_4$ der mittleren Breite. Sie hat durchschnittlich in der Mitte 30, an den Enden 36 Riefen auf 0,01'''.

Nav. amphioxys. Länge 0,018—0,041''', mit 45 ziemlich steilen Riefen auf 0,01'''. Im Süsswasser und verschiedenen Mergellagern. Fig. 21.

Nav. oblonga β lanceolata Grunow, Wien 1860 S. 523 IV 25. Länge 0,035—0,048''', mit 18 Riefen auf 0,01'''. Die von mir im offenen Süsswasser und im Mergel des Spirdings gefundenen Exemplare gleichen in Bezug auf Stellung der Riefen vollständig der Pinnularia peregrina Ehg. in W. Smith's Synopsis XVIII 170, die Ehrenberg im süssen Wasser (Amer. III I 3) und in Brackwassern gefunden hat. Beide Formen werden daher wohl zusammenfallen.

Bei Nav. latiuscula Ktz., Wien 1860, S. 534 IV 38 = Nav. patula W. Sm., die ich unter den günstigsten Umständen beobachtet habe, finde ich übereinstimmend mit Smith 30—37 gekörnte Riefen auf 0,01''', die bisweilen paarweise stärkere Streifen zu bilden scheinen, was Grunow in seiner Abbildung sehr treu wieder giebt.

Der Name Nav. cocconeiformis, der, wie ich aus Grunows Abhandlung (Wien 1860 S. 550) ersehe, bereits durch Grey vergeben ist, möge in Nav. Coccus verändert werden.

Nav. scutelloides. Länge 0,004—0,013''', Breite $^1/_5$ der Länge, mit 17 Riefen auf 0,01''', von denen die längsten aus 6—7 Körnern bestehen. Am Rande schieben sich kürzere Riefen ein. Sie ist im Kalkmergel ziemlich häufig. Fig. 22 A. B., Fig. C. eine Schale einer Sporangialfrustel.

Nav. Diaculus. Nav. minima, rotunde elliptica, linea media ample interrupta, nodulo cenbrali elliptico obscuro, striis validis tripartitis 16 in $0,01'''$. Länge $0,008 — 0,009'''$. Im Kalkmergel des Spirding und von Domblitten. Figur 23.

Nav. Atomus. Länge $0,0035 — 0,0045'''$, Breite $= \frac{1}{3}$ der Länge, mit 52 wenig geneigten sehr zarten Riefen auf $0,01'''$, mit länglich rundem Centralknoten. Oefters im Kalkmergel des Spirding. Fig. 24.

Nav. elliptica Ktz. und **Nav. italica Ktz.**, beide sehr variirend, im Hafen von Pillau häufig, sind kaum von einander zu trennen. Vergl. Grunow Wien 1860 S. 531.

Nav. minutissima. Länge $0,004 — 0,006'''$, Breite $= \frac{1}{3}$ der Länge, mit abgestumpften Enden und abgeschwollener Mitte, mit 56 (52—60) wenig geneigten sehr zarten Riefen auf $0,01'''$.

Nav. dubia Ehg.? Mik. III [IV] 14, XV A 41, B 15. Nebenseite leistenförmig mit mehr oder weniger hervortretenden abgestumpften Enden, deren Breite etwa $\frac{2}{7}$ der mittleren Breite ist, mit länglichem Centralknoten, deutlicher Mittellinie, neben der noch zwei schwächere (von den Riefenenden gebildete) fortlaufen; jederseits mit einem starken Randstreifen. Länge $0,017 — 0,025'''$, Breite nicht voll $\frac{1}{1}$ der Länge, mit 38 undeutlich gekörnten steilen Riefen auf $0,01'''$. Fig. 25. Die Exemplare, bei denen die Enden wenig hervortreten, erinnern an Nav. limosa ∂. bicuncata Grunow, Wien 1860, S. 545 V 7.

Nav. firma Ktz. Langelliptisch, bei grossen Exemplaren mit schwacher kurzer Anschwellung in der Mitte, mit feinen steilen Punktreihen, von denen im Mittel 40 auf $0,01'''$ gehen. Die Hauptseite wird von diesen Punktreihen ebenfalls überzogen. Beide Seiten mit welligen Längslinien, (die in der Zeichnung von W. Smith fehlen). Länge $0,020 — 0,053'''$. Vergl. Grunow, Wien 1860, S. 542. In mehreren Mergellagern ziemlich häufig. Sie schliesst sich an **Nav. Amphigomphus** und **Iridis** Ehg. an, deren Hauptseiten ebenfalls punctirte Querriefen zeigen.

Nav. Brebissonii Ktz. $=$ Pinn. stauroneiformis W. Sm., mit 29 starken Riefen auf $0,01'''$. Im Kalkmergel des Spirding.

Nav. gibba Ktz. $=$ Pinn. gibba Ehg. Amer. I [II] 8, Ehg. Meteorstaub IV [I] 40, Ehg. Mikrog. VII [I] 2, W. Smith's Syn. XIX 180.

Nav. biceps Ehg. Rabenh. S. Diat. VI 49. Meniscusförmig, seitlich nicht abgeflacht, mit vortretenden Enden, deren Breite $\frac{1}{3}$ der mittleren Breite ist. Länge 0,017—0,022''', mit 35 feinen, wenig geneigten, undeutlich gekörnten Riefen auf 0,01'''. Im trocknen Zustande gelb. Fig. 6.

Nav. angustata W. Sm. ist eine scharf ausgeprägte Art, deren Umriss W. Smith sehr gut darstellt. Die Nebenseite ist ein gestrecktes symmetrisches Sechseck mit abgerundeten Ecken, stark vortretenden eingeschnürten Enden, deren Breite nicht voll $^1/_3$ der mittleren Breite ist, mit deutlicher Mittellinie und länglichem Centralknoten. Die zarten, stark geneigten Riefen, von denen 40 auf 0,01''' gehen, lassen einen mässigen mittleren Streifen frei (was in der Zeichnung von W. Smith nicht wieder gegeben ist). Hauptseite rechteckig. Länge 0,017—0,023'''. Die Breite der Nebenseite ist etwa $^1/_6$, die der Hauptseite etwa $^1/_{12}$ der Länge. Sie kommt nicht selten in mehreren Kalkmergellagern vor.

Nav. crassinervis habe ich stets in der etwas eckigen Form gefunden, wie sie Smith zeichnet. Vergl. Grunow, Wien 1860, V 12.

Stauroneis anceps Ehg. Amer. II I 18. Länge 0,024—0,040''', Breite etwa $^1/_5$ der Länge, mit 39 deutlichen Riefen auf 0,01'''. Der Stauros erreicht die Seiten nicht. Fig. 27. Nach Grunow (Wien 1860 S. 564) ist sie mehr rhombisch und $=$ W. Smith's Syn. XIX 190, die W. Smith fraglich $=$ St. anceps Ehg. setzt.

Staur. truncata. Rhombisch mit abgestumpften Enden, bisweilen bis fast zur Ellipsenform abgerundet, mit 16 gekörnten Riefen auf 0,01''', die einen kurzen Stauros frei lassen. Länge 0,016—0,024''', Breite meistens mehr als $^1/_3$ der Länge. Sehr häufig. Fig. 28.

Staur. amphicephala. Länge 0,017—0,023''', Breite etwa $^1/_4$ der Länge, mit 48 Riefen auf 0,01'''. Fig. 29.

Staur. pumila, ebenfalls eine Süsswasserform. Nebenseite meniscusförmig. Länge 0,007—0,009''', Breite mehr als $^1/_3$ der Länge, mit 23 (19—27) Riefen auf 0,01'''. Hauptseite breit rechtekig. Fig. 30.

Die zierliche Staur. Smithii Grunow, Wien 1860 VI 16, kommt in offenen Süsswassern und im Königsberger Diatomeenlager überaus häufig vor. Anfänglich zeigen sich die 3 Anschwellungen nur an der Innencontur (der weichen Zellhaut?), während die äussere spitzelliptisch ist; später wird die mittlere Anschwellung breiter und länger als die beiden andern. Bei grossen Exemplaren ist die Nebenseite fast rhombisch. Länge 0,008—0,018'''. Durch die starken Endöffnungen der Hauptseite und die deutlichen sie verbindenden

Längslinien zeigt sie sich verwandt mit Staur. punctata, die mit ihr vielleicht dieserhalb von Stauroneis zu trennen sein möchte.

Bei einem Pleurosigma, dass in Form und Grösse dem Pl. attenuatum vollständig gleicht und im Mergel des Spirding häufig vorkommt, finde ich durchschnittlich nur 27 Querriefen, 24 Längslinien auf 0,01'''.

Amphora borealis. Länge 0,004—0,009''', Breite etwa ¹/₄ der Länge, mit 30 Riefen auf 0,01'''. Fig. 31.

Mastogloia Smithii. Länge 0,014—0,017''', mit 11—15 Septis, 30—43 undeutlich gekörnten steilen Riefen auf 0,01'''. Im Kalkmergel des Spirding und von Domblitten. In dem Mergel des Spirding findet sich auch nicht selten die wegen der starken Riefen auffällige Mastogloia Grevillii.

Nach diesen Veränderungen und Ergänzungen finde ich:

in den offenen Süsswassern 183
im Königsberger Lager 196
in den alluvialen Kalkmergellagern . . 157
in brackischen Wassern 23
in der Ostsee 23
in dem diluvialen Lager von Domblitten 90
im Bernstein 18
von preussischen Diatomeen überhaupt . 305 Arten

und 18 Varietäten.

Mittheilungen über die Flora des wilhelmswalder Forstes

durch

H. Ilse, Oberförster-Assistent.

Der Verfasser hatte während eines mehrmonatlichen Aufenthaltes, Februar bis Ende Juni 1863, Gelegenheit über die Flora der Oberförsterei Wilhelmswalde Beobachtungen anzustellen. Da dieses Revier zu den in botanischer Hinsicht noch am wenigsten durchforschten Gebietstheilen Preussens gehört, ist es den Botanikern der Provinz vielleicht nicht ganz unwillkommen, einige Nachrichten über die Pflanzen des wilhelmswalder Forstes zu erhalten. Zu diesem Zwecke mag nun zuvörderst versucht werden, die allgemeinen Verhältnisse des Reviers, insofern sie von wesentlichem Einfluss auf den Pflanzenwuchs sind, in flüchtigen Umrissen darzustellen; demnächst wird zur weitern und genauern Ausführung dieser allgemeinen Schilderung ein specielles Verzeichniss von Pflanzen beigefügt werden, die der Verfasser im Forste beobachtete. Das königliche Forstrevier Wilhelmswalde liegt im Regierungsbezirk Danzig und Kreis — bezüglich Forstinspection — Pr. Stargardt; von der Kreisstadt ist das am Nordrande des Reviers belegene Forsthaus Wilhelmswalde — Wohnsitz des Oberförsters und von der polnischen Bevölkerung Drennaczeck genannt — etwa 3 Meilen südlich entfernt; von Czerwinsk aus, der nächsten Station der Ostbahn, wird der Ostrand des Forstes etwa in $1^1/_4$ Meilen, das Forsthaus Wilhelmswalde in $2^1/_2$ Meilen westlicher Richtung erreicht. Aus dieser ganz allgemeinen Andeutung ergiebt sich schon, dass das Forstrevier dem südöstlichen Winkel des Regierungsbezirks Danzig angehört; an seinem Südrande grenzt es mit den bereits zum marienwerdener Bezirk gehörigen königlichen Forstrevieren Osche und Bülowsheide und den ebenfalls (?) in diesen Bezirk fallenden frontzer und altjahner Privatwaldungen sogar unmittelbar zusammen.

Westlich und mit der anschliessenden Hälfte seiner Nordlinie stösst der wilhelmswalder Forst an die königl. Oberförsterei Wirthy, auf dem weitern Laufe seiner Nordlinie an die Feldgemarken von Wda, Wilczeblotta, Zellgoscz

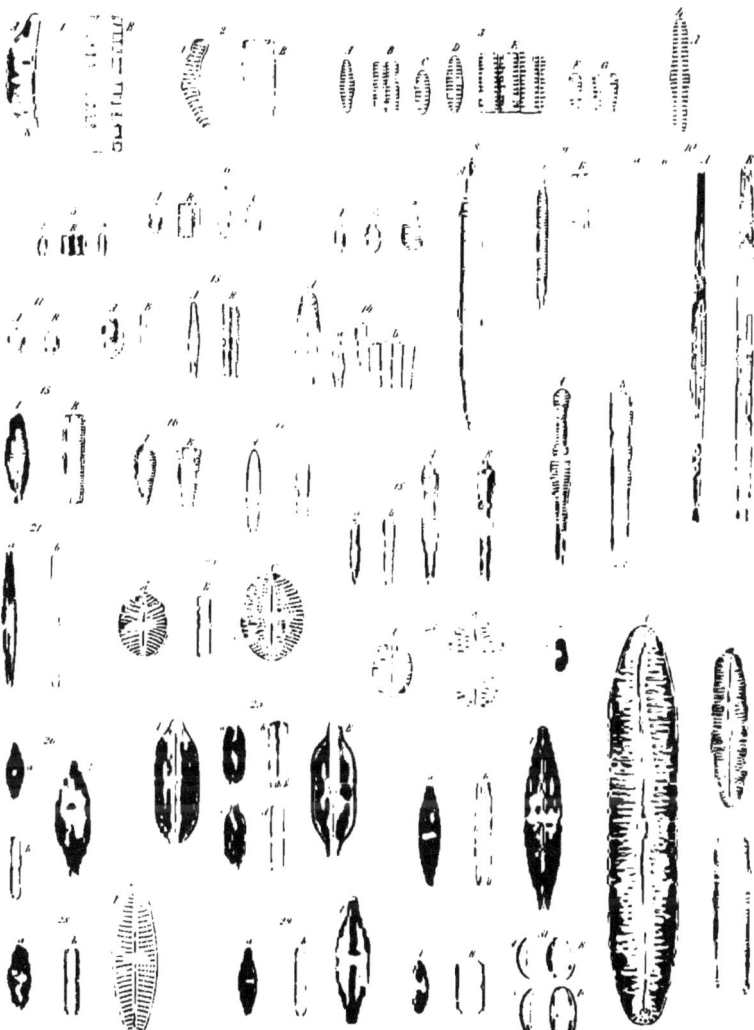

Preussische Diatomeen.

Mitgetheilt von J. Schumann.

Zweiter Nachtrag. Hiezu Taf. I. II. III.

Im Jahre 1862 veröffentlichte ich in diesen Schriften ein Verzeichniss der von mir in Preussen gefundenen Diatomeen (kieselschaligen Bacillarien). In Bezug auf den Aufenthalt dieser kleinen Gebilde unterschied ich dabei 1) die offenen Süsswasser, in der Tabelle mit S. bezeichnet, 2) das Königsberger Diatomeen-Lager K., 3) die alluvialen Kalkmergel-Lager M., 4) die salinischen und brackischen Wasser (der Ponnauer Saline und des Pillauer Hafens) B., 5) die Ostsee (den Strand von Memel bis Pillau) O., 6) das diluviale Lager von Domblitten bei Zinten D., 7) die durch zwei Bernsteinstücke vertretene Tertiärformation T. Die Zahl aller mir damals bekannten preussischen Diatomeen-Species betrug 288. Zwei Jahre darauf gab ich einen Nachtrag, durch den diese Zahl auf 305 stieg. Seit dieser Zeit haben sich viele Arten in den offenen Wassern lebend gezeigt, die bisher nur in dem Königsberger Lager und in den fossilen Mergellagern gefunden worden. Andere sind zugekommen, die für Preussen neu sind, nicht wenige auch, die bisher wohl noch nicht beschrieben worden.

Dem früher gegebenen Verzeichnisse der von mir benutzten literarischen Hülfsmittel füge ich noch folgende bei:

Janisch: Zur Charakteristik des Guanos von verschiedenen Localitäten. In den Abhandlungen der schlesischen Gesellschaft. Taf. I. II. I A. I B. II A. Jahrg. 1861, 1862. Breslau 1862, 1863.

Grunow: Ueber einige neue und ungenügend bekannte Arten und Gattungen von Diatomaceen. Tab. IV. V. (13. 14.). In den Verhandlungen der zoologisch-botanischen Gesellschaft in Wien. Jahrg. 1863.

Heiberg: Conspectus criticus Diatomacearum Danicarum. Kopenhagen 1863.

Rabenhorst: Flora europaea Algarum aquae dulcis et submarinae. Sect. I. Algas Diatomaceas complectens. Leipzig 1864.

Grunow: Ueber Süsswasser-Diatomaceen der Insel Banca. In den Beiträgen zur näheren Kenntniss und Verbreitung der Algen. Herausgegeben von Rabenhorst. Heft II. Leipzig 1865.

In den Citaten bezeichne ich die in Königsberg, Wien und Breslau erschienenen Arbeiten mit den Namen dieser Städte, die beiden zuletzt genannten Quellen mit Alg. und Beitr.

Um dem Leser eine möglichst vollständige Uebersicht über die preussischen Diatomeen zu geben, ohne ihn auf frühere Jahrgänge dieser Zeitschrift zu verweisen, habe ich in die nachfolgende Tabelle nicht nur die neu zugetretenen Species aufgenommen, sondern alle, die ich bis zum Schluss des Jahres 1866 beobachtet habe. In der vorletzten Columne findet der Leser die nach Tausendtheilen einer Pariser Linie gemessenen Längen, in der letzten Columne die mittleren Werthe der Riefenzahlen d. h. der Zahlen, welche angeben, wieviel Streifen durchschnittlich auf ein Hunderttheil einer Pariser Linie gehen.

Auf Feststellung dieser Riefenzahlen habe ich grosse Mühe verwandt, da sie die einzelnen Gruppen charakterisiren, die wir als Species von einander zu sondern genöthigt sind. Dabei suchte ich die Frage zu beantworten, wie gross die Zuverlässigkeit der Durchschnittszahl ist, die man aus der Messung einer gewissen Anzahl, etwa von 10, Frusteln gefolgert hat, d. h. wie gross nach den Gesetzen der Wahrscheinlichkeits-Rechnung die Abweichung dieser Durchschnittszahl von der wahren mittleren Riefenzahl ist. Ich benutzte dabei zahlreiche Beobachtungen von 4 in der Ostsee bei Pillau häufig vorkommenden, sehr verschiedenen Diatomeen-Arten, von Navicula sambiensis m. (Sambia, Samland), Nitzschia panduriformis (Var. von N. bilobata Sm.), Doryphora Boeckii und Coscinodiscus vulgaris m., den ich als besondere Art von C. radiatus getrennt habe. Von jeder dieser Arten hatte ich, um ihre Riefenzahlen recht genau fest zu stellen, 40 Frusteln durchmessen. Für die zuerst genannte Navicula sind die einzelnen Beobachtungszahlen folgende:

17	17½	20	18	19	17	17	19	21	21
19	18	20	22	17½	17	19	18	19	17
19	18	18	20	17	18	19	19	19	19
19	20	19	19	19	18	17	16	20	19

Das allgemeine Mittel ist $18\frac{3}{4}$, die Abweichungen von diesem Mittel
$$a = -1\tfrac{2}{4} \quad b = -1\tfrac{1}{10} \quad c = +1\tfrac{3}{4} \text{ u. s. f.}$$
Wären die Beobachtungen fehlerlos, so würden die Abweichungen a, b, c . . . allein Folge der wirklichen Schwankung der Riefenzahl sein. Wäre dagegen die Riefenzahl in aller Schärfe constant, so wären die Abweichungen von der wahren Riefenzahl nur Folge der fehlerhaften Beobachtung. In Wirklichkeit ist die Verschiedenheit der Beobachtungszahlen einerseits durch die Schwankung der Riefenzahl, andererseits durch die Ungenauigkeit der Beobachtung bedingt.

Will man die „mittlere Abweichung" finden, so hat man folgendes Verfahren einzuschlagen. Man erhebe die Grössen a, b, c . . . zum Quadrat, dividire die Summe dieser Quadrate — die mit s bezeichnet werden mag und hier $= 65{,}10$ ist — durch die um 1 verringerte Anzahl, hier durch 39, und ziehe daraus die Quadratwurzel. Man findet für diese mit w zu bezeichnende Grösse 1,292. Dividirt man dieselbe durch $m = 18{,}6$, so erhält man als relative mittlere Abweichung $r = 0{,}0695$.

Werden die drei anderen Gruppen von je 40 Beobachtungen ebenso behandelt und die Resultate der ersten wiederholt, so findet man

Navicula	m = 18,6	s = 65,10	w = 1,292	r = 0,0695
Nitzschia	21,65	249,10	2.527	0,1167
Doryphora	24,2	151,65	1,972	0,0815
Coscinodiscus	15,36	104,99	1,641	0,1068

Durchschnittlich ist also $r = 0{,}0936$.

Will man die „wahrscheinliche relative Abweichung" der einzelnen Beobachtung haben, die mit E bezeichnet werden mag, so findet man dieselbe, wenn man die Grösse r mit dem Wahrscheinlichkeits-Factor 0,67449 . . multiplicirt. Es ist demnach $E = 0{,}06313$.

Es liegen zwei Gründe vor, die dafür sprechen, dass dieser Werth nicht als Durchschnittswerth genommen werden dürfe. Erstens nämlich sind diese Diatomeen dem Meere entnommen, einem Elemente, das in Bezug auf Temperatur und auf chemische Zusammensetzung constanter ist, als die verschiedenen süssen Wasser. Es ist zu erwarten, dass die marinen Organismen auch ein constanteres Gefüge haben werden, als die Gebilde der Süsswasser. Zweitens aber mögen wohl auch in den vorliegenden Fällen die Beobachtungsfehler einen kleinen Werth haben, da ich für diese mir interessanten Lebensformen die Riefenzahlen recht scharf bestimmen wollte und die Beobachtungen leicht ausführbar waren. Ich glaube daher der Wahrheit näher zu kommen, wenn ich annehme, dass für die gewöhnlichen Fälle

$$E = 0{,}08333 = {}^1/_{12} \text{ zu setzen sei.}$$

Wer mit genügendem Beobachtungsgeschicke und mässiger Aufmerksamkeit die Riefenzahl einer Diatomee bestimmt, nähert sich hiernach mit Wahrscheinlichkeit dem wahren Mittelwerthe bis auf $^1/_{12}$ dieses Mittelwerthes. Ist die wahre mittlere Riefenzahl 12, und beobachtet er 100 Diatomeen dieser Art, so werden 50 seiner Beobachtungszahlen zwischen 11 und 13 liegen, die anderen 50 theils kleiner als 11, theils grösser als 13 sein. Die Zahl 100 ist hier als Repräsentant einer grossen Zahl genommen. Addirt er diese 100 Beobachtungen und nimmt das Mittel, so ist die wahrscheinliche relative Abweichung dieses Mittels von der wahren Riefenzahl $\frac{1}{12 \cdot \sqrt{100}} = \frac{1}{120}$. Bezeichnen wir dieselbe Grösse für eine Gruppe von n Beobachtungen mit N, so ist

$$N = \frac{1}{12 \cdot \sqrt{n}}.$$

Setzen wir z. B. $n = 10$, so wird $N = {}^1/_{38}$. Würden die Riefenzahlen aller Diatomeen-Species aus je 10 Beobachtungen gefolgert, so wäre die wahrscheinliche Unsicherheit der Riefenzahl 19 nur $^1/_2$, die der Riefenzahl 38 wäre 1, die der Riefenzahl 76 wäre 2 u. s. w. Ich sehe hier der Einfachheit wegen von dem Umstande ab, dass die Streifen desto undeutlicher zu sein pflegen, je näher sie an einander stehen.

Schliesslich hebe ich es nochmals hervor, dass die Grössen E und N, die sich respective auf eine Beobachtung und auf eine Gruppe von n Beobachtungen beziehen, aus zwei Elementen zusammengesetzt sind, aus der wirklichen Schwankung der Riefenzahl und dem Beobachtungsfehler. Ist der letztere verschwindend klein, so werden diese Grössen nicht Null, sie reduciren sich aber auf gewisse Minimalwerthe, die in der Natur der Diatomeen begründet sind.

Um, zunächst für die Umgend von Königsberg, eine solide Basis zu gewinnen, habe ich danach gestrebt die Riefenzahlen aller hier vorkommenden Diatomeen-Species auf Durchmessung von je 10 Frusteln zu gründen. Dieses Ziel habe ich indess nur bei der halben Anzahl erreicht, bei vielen Arten freilich weit überschritten. Ein Sechstheil der hier angegebenen Messungsresultate sind aus 5 bis 9, ein Drittheil aus 1 bis 4 einzelnen Riefenzahlen gefolgert. Durchschnittlich ist jede der hier angegebenen Zahlen das arithmetische Mittel von 9 einzelnen Riefenzahlen. Hiernach wäre die durchschnittliche wahrscheinliche relative Abweichung der in der Tabelle aufgeführten Werthe von den wahren mittleren Riefenzahlen $N = \frac{1}{12 \cdot \sqrt{9}} = \frac{1}{36}$. Geht man indess auf die einzelnen Gruppen ein, so findet man sie etwas grösser, nämlich $= \frac{1}{30}$.

Alle in der letzten Columne gegebenen Werthe beziehen sich auf die Schale (valva), nicht auf das Kieselband (membrana conjunctiva), das die beiden Schalenhälften mit einander verbindet (die Definition dieser Ausdrücke findet man in Ehrenbergs Infusorien 1838 und in Kützings Bacillarien 1844); fast alle bezeichnen die Dichtigkeit der Querstreifen. Wo gröbere (Canäle, Rippen, Randpunkte) und feinere vorhanden, wie bei Epithemia, stelle ich jene voran. Ist dabei die Zahl der feineren genau oder sehr annähernd gleich einem ganzen Vielfachen der gröberen, so bezeichne ich die gröberen mit a. Wenn ich z. B. bei Epithemia Zebra angebe 7, 4a; so will ich damit ausdrücken, dass diese Species durchschnittlich 7 Canäle, 28 Querriefen auf $1/_{100}$ eine Linie zeigt. Hat dagegen eine Frustel derselben Species nur 6 Canäle auf $1/_{100}$ Linie, so ist die Riefenzahl für die feineren Punktreihen 24. Zwischen je zwei benachbarten Wänden verschiedener Canäle sind hier zwei Punktreihen eingeschaltet. Springt die Zahl der Querriefen leicht in's Doppelte über, so setze ich die grössere Zahl in Parenthese.

Wo deutliche Quer- und Längsstreifen vorhanden, wie bei einer Gruppe von Pleurosigma, lasse ich die letzteren den ersteren folgen. Zeigen sich mit Ausnahme der Querstreifen noch 2 Systeme schiefer Streifen, so gebe ich, wenn alle 3 Riefenzahlen nahe gleich sind, ihren mittleren Werth; sind sie ungleich, so gebe ich alle 3 Zahlen, stelle aber wieder die Zahl der Querriefen voran. Bei den runden Formen gebe ich zunächst die Riefen des Randes und lasse die der Scheibe folgen.

Wer die von mir gegebenen Riefenzahlen auf englisches Maass übertragen will, hat zu meinen Zahlen $1/_8$ derselben zuzulegen. Gomphonema capitatum z. B., für das ich die Riefenzahl 24 finde, hat $24 + 3 = 27$ Querstreifen auf $1/_{1000}$ eines englischen Zolles. Dieselbe Zahl findet auch W. Smith. Diejenigen Naturforscher, die der Riefenzahl $1/_{1000}$ eines Pariser Zolles zu Grunde legen, haben zu meinen Zahlen $1/_5$ derselben zu addiren, wenn sie dieselben auf ihr Maass übertragen wollen. Navicula minutola z. B., die mir 55 als Riefenzahl gegeben, hat 66 Riefen auf 0,001″ Par. Wollen sie dagegen ihre Zahlen auf die von Ehrenberg und Kützing und von mir gebrauchte Einheit reduciren, wollen sie zu der Messungsart, die früher üblich war, zurückkehren, so haben sie von ihren Zahlen $1/_6$ derselben abzuziehen.

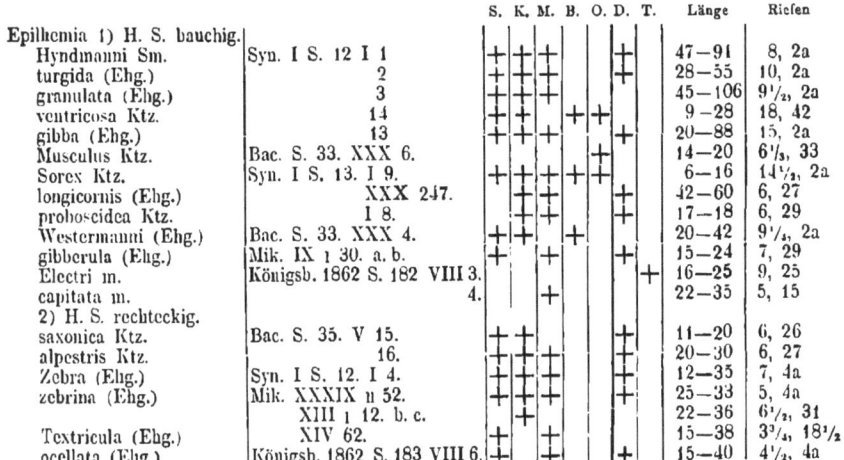

		S	K	M	B	C	D	T	Länge.	Riefen.
Eunotia Monodon Ehg.	Mik. III 1 13	+	+	+					8—12	28
Ventriculus m.	Königsb. 1862 S. 184 VIII 7		+						22—74	18³/₄
Himantidium Arcus (Ehg.)	Syn. II S. 13 XXXIII 283.	+	+	+					26—30	
bidens Ehg.	284.	+	+						19—33	21
gracile Ehg.	285.	+	+						10—37	23
majus Sm.	286.		+	+					30—83	20
pectinale Ktz.	XXXII 280.	+	+	+					16—26	23³/₄
minus Ktz.	Bac. S. 39 XVI 10.		+	+					10—14	30
Faba Ehg.	Mik. I II 3, III 1.		+	+					16—23	24
exiguum Breb.	Wien 1862 S. 340 VI 15 b.	+							6	39
regiomontanum m.	Königsb. 1862 S. 184 VIII 8.		+	+					17—37	18
Meridion circulare Ag.	Syn. II S. 6 XXXII 277.	+	+						7—30	35
β. Zinkenii Ktz.	277 β.	+	+						11—33	
constrictum Ralfs	278.	+	+						9—18	32¹/₂
β. Pupula (Ehg.)	Mik. XIV 77.	+	+						13—20	24
Podosphenia Ehrenb. Ktz.	Syn. I S. 82 XXIV 225.					+	+		19—26	26
Lyngbyei Ktz.	227.						+		11—19	38
gracilis Ehg.	Bac. S. 121 IX 10 (1,4).						+		13—29	60
Rhipidophora grandis Ktz.	S. 122 XI 1,						+		54—62	31
dalmatica Ktz.	Syn. I S. 84 XXV 230.					+	+		6—10	58
Odontidium ventriculosum m.	Königsb. 1862 S. 184 VIII 10.	+	+	+					13—23	15
Diatoma vulgare Bory.	Syn. II S. 39 XL 309.	+	+						15—25	15¹/₂, 32
elongatum Ag.	XLI 311 β	+					+		28—42	15, 34
tenue Ktz.	Bac. S. 48 XVII 10 (3—11)	+	+				+		10—16	15, 48
D? pectinale Ktz.	11 (8)	+	+						2—3	27
Asterionella gracillima (Hantzsch.)	Consp. Dan. S. 68 VI 19.	+							18—22	38
Fragilaria 1) doppeltgerieft mutabilis (Sm.)	Syn. II S. 17 XXXIV 290.	+	+	+					4—13	14, 3a
acuta Ehg.	Mik. I III 6.	+	+						11—16	13¹/₂, 3a
pacifica Grunow	Wien 1862 S. 273 VIII 19.						+		5—15	13, 3a
2) einfachgerieft.										
Tabellaria (Sm.)	Syn. II S. 17 XXXIV 291,291 β	+	+	+					5—11	31
parasitica (Sm.)	LX 375.	+	+	+					5—11	54
undata Sm.	377.	+					+		7—9	40
virescens Ralfs	XXXV 297.	+	+	+			+		10—20	39
β. diophthalma Ehg.	Mik. VI 1 48 b. II 23.	+	+	+					3—6	
capuzina Desm.	Bac. S. 45 XVI 3.	+	+						6—20	35
contracta Schum.	Kgsb. 1862 S. 184 VIII 12 A.B.	+	+						16—26	34
biconstricta Rabh.	c. d.	+	+						10—21	40
Lancettula m.	1864 S. 17 II 6 A. B. α.	+	+	+					4—8	23¹/₂
elliptica m.	C. D.	+	+	+					2—4	25
stauroneidea m.	7.	+	+						4—5	39
Staurosira construens Ehg.	1862 VIII 13.	+	+	+			+		5—8	21
β. pinnata Ehg.	14.	+	+						4—10	21
Synedra 1) Scheinknoten begrenzt.										
pulchella Ktz.	Syn. I S. 70 XI 84.		+	+					44—47	35
gracilis (Ktz.?) Sm.	85.						+		27—31	37
minutissima Ktz.	Syn. I S. 70 XI 87.		+				+		12—19	35
2) Scheink. nicht begrenzt										
Vaucheriae Ktz.	Syn. I S. 73 XI 99.	+	+						12—20	28
fasciculata Ktz.	100.	+	+						16—21	37
tabulata Ktz.	XII 96.						+	+	56—99	25

		S.	K.	M.	B.	O.	D.	T.	Länge.	Riefen.
Synedra capitata Ehg.	Syn. I S. 73 XII 93.	+	+	+			+		98—128	18
delicatissima Sm.	94.				+				75—107	24
Arcus Ktz.	XI 98.					+	+		28—39	27
splendens Ktz.	Bac. S. 66 XIV 16.	+	+	+					118—138	20
Oxyrhynchus Ktz.	8,10.			+					28—58	19
biceps Ktz.	18,21.	+		+				+	45—148	20
recta Ktz.	XXX 29.	+	+					+	77—202	20/₂
aequalis Ktz.	XIV 14.	+	+						45—55	16'
danica Ktz.	13.	+	+	+				+	65—142	18
3) Scheinkn. fehlend										
Amphirhynchus Ehg.	Amer III 1 25.	+	+					+	40—95	17
subtilis Ktz.	Bac. S. 64 XIV 2 a.					+			17—31	34
tenuis Ktz.	12.	+							40—68	32
tenuissima Ktz.	6.	+							43—62	31
Acula Ktz.	20.		+	+					60—128	23¹/₄
radians Ktz.	7 (1—4).	+	+						24	
amphicephala Ktz.	III 12.	+			+			+	20—22	33
affinis Ktz.	XV 6,11.						+		27—37	23¹/₂
Gallionii Ehg.	Syn. I S. 74 XXX 265.						+	+	70—115	23
Tabellaria flocculosa Ktz.	Syn. II S. 45 XLIII 316.	+	+						5¹/₂—12	33
fenestrata Ktz.	317.	+	+	+					12—31	33
T? vulgaris Ehg.	Mik. XXXIV XII B 2.	+							5¹/₁—12	40
T? amphilepta Ehg.	III IV 32.	+	+						13—28	33
Grammatophora oceanica Ehg.	Amer II VI 6.						+	+	13—22	40
Campylodiscus Clypeus Ehg.	Mik. X II 21.			+	+	+	+		23—80	3¹/₂, 29
radiosus Ehg.?	Amer. S. 122 III VII 14	+	+						54—80	4¹/₂, 24
costatus Sm.	Syn. I S. 29 VI 52.							+	42—65	3¹/₂, 31
β. punctatus	VII 52.	+	+	+				+	53—56	3¹/₂, 37
cribrosus Sm.	55.								38—56	3²/₃, 32
spiralis Sm.	54.	+							28—50	5, 30
parvulus Sm.	VI 56.						+	+	16—32	4¹/₂, 26
Hodgsonii Sm.	53 b'.						+		22—24	5, 39
Stellula m.								+	13—25	8, 32
Surirella 1) Enden gleich										
biseriata Breb.	Syn. I S. 30 VIII 57	+	+	+				+	32—87	3³/₅, 29
β. punctata m.		+	+						29—66	3³/₅, 26
microcora Ehg.	Amer S. 136 III I 34.	+	+						17—21	5⁴/₃, 30
linearis Sm.	Syn. I S. 31 VIII 58.	+	+						30—53	5³/₅, 28
angusta Ktz.	XXXI 260.	+	+						12—19	14, 3 a
longa m.			+						68	7¹/₂, 30
gracilis m.	Königsb. 1862 S. 185 VIII 16.	+	+					+	26—43	16, 3 a
constricta Ehg.	Mik. XIV 37.	+	+						37—50	5, 30
didyma Ktz.	Bac. S. 60 III 67.	+	+			+	+	+	25—38	6, 30
2) Enden ungleich										
elegans Ehg.	Amer S. 136 III I 22.		+	+					76—143	4¹/₄, 37
Gemma (Ehg.)	Syn. I S. 32 IX 65.								24—44	4²/₃, 33
baltica m.									16—28	6²/₃, 32
striatula Turpin	Syn. I S. 32 IX 64.			+					54—88	2¹/₂, 41
splendida Ktz.	VIII 62, 63.	+	+	+					48—112	3, 27
ovalis Breb.	IX 68.	+	+						16—33	9¹/₂, 32
Brightwellii Sm.	69.	+	+			+	+		13—24	10, 32
ovata Ktz.	70.	+	+			+	+		11—26	9¹/₄, 35
Crumena Breb.	Alg. S. 57.								12—30	8²/₃, 32
salina Sm.	Syn. I S. 34 IX 71.					+	+		14—24	10, 32

Species	Syn.	S.	K.	M.	B.	O.	D.	T.	Länge	Riefen
Surirella pinnata Sm.	Syn. I S. 31 IX 72.	+	+						10—18	11¹/₂, 35
minuta Brcb.	73.	+	+						6—13	14, 37
panduriformis Sm.	XXX 258.	+	+						12—24	14, 3 a
Cymatopleura apiculata Sm.	Syn. I S. 37 X 79.	+	+	+					18—45	15½
Solea (Ktz.)	78.	+	+	+			+		54—150	13¼
elliptica (Brcb.)	80.	+	+	+	+	+	+		23—85	8. 32
β. fracta m.					+				24—42	9½, 29
Hibernica Sm.?	81.					+			30—47	6¾, 29
Amphipleura pellucida Ktz.	Syn. I S. 45 XV 127.	+							34—44	36, 2 a
β. forma sporang.?						+			71—93	21, 2 a
rigida Ktz.	128.				+	+			45—116	19½, 3 a
danica Ktz.	Bac. S. 103 XXX 38.					+			11—18	31, 2 a
Rhaphidogloea interrupta Ktz.	Bac. S. 110 XXII 6.						+		42—64	15, 52
Denticula obtusa Ktz.	Syn. II S. 19 XXXIV 292.	+	+	+			+		8—18	11, 33
tenuis Ktz.	293.	+		+					10—13	
inflata Sm.	294.	+	+	+					7—14	10, 40
sinuata Sm.	295.			+					14	10
thermalis Ktz.	Bac. S. 43 XVII 6.	+		+					7—11	13, 61
elegans Ktz.	5.	+	+						13—16	11½, 3 a
Nitzschia 1) gleichriefig:										
amphioxys (Ehg.)	Syn. I S. 41 XIII 105.	+	+				+		10—38	11, 3 a
elongata Hantzsch	104 β.	+							32—43	15½, 38
media Hantzsch	Hedwigia 1860 VI 9.			+	+				33—36	18
flexa Schum.	Königsb. 1862 S. 186 VIII 23.	+							30—35	15
2) wechselriefige:										
parvula Sm.	Syn. I S. 41 XIII 106.					+	+		8½-10½	26, 67
minutissima Sm.	107.	+		+					9—14	26, 70
Palea (Ktz.) Sm.	Bac. S. 63 III 27.	+							5—7	30, 73
dubia Hantzsch	Wien 1862 S. 568 XII 24.	+	+						22—36	14, 3 a
dubia Sm.	Syn. I S. 41 XIV 112.				+	+			32—43	20, 53
constricta (Ktz.)	XXXI 112 β.				+	+			12—20	37
plana Sm.	XV 114				+	+			21—56	17, 2 a
linearis (Ag.)	XIII. XXXI 110.	+	+						24—63	15, 62
gracilis Hantzsch	Hedwigia 1860 VI 8.	+	+	+					22—50	
Ehrenbergii m.	Amer. III i 24. .	+	+						58—127	9, 26
tenuis Sm. β.	Königsb. 1864 S. 18 II 8.		+				+		30—46	14, 60
vermicularis (Ktz.)	Bac. S. 67 IV 35.	+					+		27—46	22, 71
curvula (Ehg.)	Alg. S. 156.	+							32	31
Anguillula m.						+	+		11—14	29, 73
Sigma (Ktz.) Sm.	Syn. I S. 39 XIII 108.			+			+		35—48	15¹/₂, 57
spectabilis Sm.	XIV 160.						+		111-165	12, 32
sigmoidea Sm.	XIII 104.	+							92	16, 57
panduriformis Greg.	Alg. S. 154.					+	+		26—60	21½, 2 a
Nitzschiella acicularis (Ktz.)	Syn. I S. 43 XV 122.	+							18—38	10, 2 a
reversa (Sm.)	121.								26—46	40, 2 a
gracilis (Brcb.)	123.								60	43, 2 a
closterioides (Grun.)	Wien 1862 S. 582 XII 19.								32—34	31, 3 a
Tryblionella Hantzsch. Grun.	Wien 1862 S. 552 XII 29.	+	+				+		41—80	14
gracilis Sm.	Syn. I S. 35 X 75.					+	+		24—63	16
marginata Sm.	76.								27—28	11, 3 a
acuminata Sm.	77.								30—40	20, 2 a
angustata Sm.	XXX 262.	+	+				+		30—63	28½
antiqua m.	Königsb. 1862 S. 186.	+	+	+				+	17—74	10, 3 a
Victoriae Grun.	VIII 20.	+	+						10—22	16

		S.	K.	M.	B.	O.	D.	T.	Länge.	Riefen.
Tryblionella Neptuni m.						+	+		16—29	13½
Bacillaria paradoxa Gmel.	Syn. II S. 10 XXXII. LX 279.					+			31—40	13, 56
Homoocladia filiformis Sm.	S. 80 LV 348.					+			18—26	24, 79
sigmoidea Sm.	349.					+			13—30	19, 67
biceps m.						+			5—8	27, 77
Cocconeis Placentula Ehg.	Syn. I S. 21 III 32.	+	+	+			+		11—26	13, 40
β. oceanica Ehg.	Bac. S. 73 V 8 (4).					+			9—16	13, 38
Pediculus Ehg.	Syn. I S. 21 III 31.	+	+				+		10—14	37
sigmoidea m.						+			9—12	39
striolata Rabh.	S. Diet. S. 28 X 8.	+	+	+					12—15	42
tenera m.						+			12—22	31
baltica m.						+	+		8½—11	28
salina Ktz.	Bac. S. 71 V 8 (3)					+			7—11	34
denudata Ktz.	(10)					+			10½	34
Scutellum Ehg.	6 (3,6)					+			10—16	20
mediterranea Ktz.	(8)					+			9—15	18½
peruviana Ktz.	(7)					+			6—9	15
marginata Ktz.	(1)					+			9—16	19
depressa Ktz.	8 (2)					+			5½—8	26
pumila Ktz.	9 (2)	+	+				+		5—7¼	54
pygmaea Ktz.	6 (4)					+			3—5	34
Achnanthidium lanceol. Breb.	Syn. II S. 30 XXXVII 304.	+	+				+		7—10	25
neglectum m.			+						6—7	51
flexellum Breb.	Syn. I S. 21 III 33.					+			10—16	56
Achnanthes rhomboides Ehg.	Bac. S. 76 XX 7.					+			22—24	19
subsessilis Ktz.	Syn. II S. 28 XXXVII 302.					+			10—21	21
exilis Ktz.	303.	+							3—7	62
Rhoicosphenia curvata (Ktz.)	Syn. I S. 81 XXIX 245.	+	+	+					7—27	27,½
β. marina (Ktz.)	246.					+	+		6—21	32
fracta Schum.	Königsb. 1862 S. 187 IX 32.	+	+				+		15—26	22
β. baltica m.						+			22—32	30
Cymbella gastroides Ktz.	Bac. S. 79 VI 4 b.	+	+	+					75—111	15
truncata Rbh.	4 a.	+	+	+					42—50	17
Ehrenbergii Ktz.	11	+	+	+		+			23—65	13⅔
cuspidata Ktz.	III 40	+	+						12—22	21½
naviculiformis (Auer.)	Syn. I S. 18 II 22 a.	+	+						11—28	22
maculata Ktz.	23.					+			10—12	22
affinis Ktz.	XXX 250.	+	+	+					8—17	24
Leptoceras (Ehg.)	Bac. S. 79 VI 14.					+			12—17	20
obtusiuscula Ktz.	III 68.	+	+				+		10—18	24½
Pediculus Ktz.	V 8 (1).	+	+						4½—6	46
ventricosa Ag.	VI 16.					+			6—8	24
epithemoides Rabh.	Alg. S. 79.	+							11—14½	8, 30½
Cocconema asperum Ehg.	Mik. XIV 81.	+	+	+			+		43—132	16
lanceolatum Ehg.	Syn. I S. 75 XXIII 219.	+	+	+			+		54—87	18
cymbiforme Ehg.	220.	+	+	+			+		24—68	17
Cistula Ehg.	221.	+	+	+	+		+		13—33	21
Fusidium Ehg.	Amer. S. 124 II r 35.					+			6—8	34½
Lunula Ehg.	III r 37.	+	+	+			+		9—24	24
β. Electri m.								+	8—10	
parvum Sm.	Königsb. 1862 S. 182 VIII 25.								12—17	24
Encyonema caespitosum Ktz.	Syn. I S.76 XXIII.XXIV 222.	+							7—12	23½
prostratum Balfs.	Syn. II S. 68 LV 346.	+	+				+		13—25	17
Doryphora Boeckii (Ehg.)	345.	+	+	+			+		31—68	24, 67
	Syn. I S. 77 XXIV 223.					+	+			

		S.	K.	M.	B.	O.	D.	T.	Länge.	Riefen.
Ceratoneis lunaris (Ehg.)	Syn. I S. 69 XI 82.	+							16—32	32
β. minor m.		+							11—18	40
γ. cuspidata m.		+							20	41
Schumannii Rabh.	Königsb. 1862 S. 186 VIII 24.		+						14—27	30
alpina (Naegeli)	Beitr. S. 7 I 9.	+	+						16—32	37
pachycephala (Ktz.)	10.	+							35—40	35
depressa m.		+							36	36
Amphioxys Rabh.	S. Diat. S. 37 IX 4.	+							8—11	27
Amphora ovalis Ktz.	Syn. I S. 19 II 26.	+	+	+	+		+		20—47	23¼
globosa m.		+							11—26	30
affinis (Ktz.?) Sm.	27.		+	+					11—26	28½
veneta Ktz.	Bac. S. 108 III 25.			+					6—10	34
gracilis Ehg.	Amer. III I 43.	+	+				+		9—16	35
salina Sm.	Syn. I S. 19 XXX 251.		+	+					10—19	54
costata Sm.	253.		+	+					12—17	31
minutissima Sm.	II 30.	+							6—7	57
borealis Ktz.	Bac. S. 108 III 18.	+	+	+			+		4—8	30
globulosa m.		+							3½—5½	33
lineolata Ehg.	V 36.						+		21—23	40
Sphenella vulgaris Ktz.	Bac. S. 83 VII 12.	+	+						8½—14	23½
rostellata Ktz.	IX 3.	+							9—13	32
angustata Ktz.	VIII 4.	+	+						8—14	20
obtusata Ktz.	IX 1.	+							13—15	29
glacialis Ktz.	III 16.	+							8—9	35
Gomphonema Augur Ehg.	Amer. III IV 13; Mik. IX I 10.	+	+						8—15	21
cristatum Ralfs.	Syn. I S. 79 XXVIII 239 a a'	+	+						10—15	21
apiculatum Ehg.	Mik. IV II 39.	+							13—15	16
tenellum Sm.	Syn. I. S. 80 XXIX 243.	+	+	+					11½—13	28
lanceolatum Ehg.	Amer. II I 37.	+	+						12—19	23
Cygnus Ehg.	Mik. V III 33.	+							27—48	17
intricatum Ktz.	Bac. S. 87 IX 4.	+	+	+			+		21—37	18
longiceps Ehg.	Mik. X 21.	+	+	+					22—40	16
gracile Ehg.	Amer. II I 39.	+	+	+					14—28	20
β. stauronciformis				+					18 ·	23
γ. gracillimum m.		+							10—15	22⅓
clavatum Ehg.	Amer. III I 33.	+	+						15—24	19½
olivaceum Ehg.	Syn. I S. 80 XXIX 244.	+	+						8—13	26
sphenelloides Rabh.	S. Diat. S. 58 VIII 1.	+	+						7—10	24
abbreviatum Ag.	Bac. S. 84 VIII 5, 8.								5½—9	25
Vibrio Ehg.	Königsb. 1862 S. 187 IX 31.	+	+				+		17—43	19½
acuminatum Ehg.	Syn. I. S. 79 XXVIII 238 a a'	+	+						17—37	20
β. trigonocephalum Ehg.	a"	+	+				+		12—19	
γ. coronatum Ehg.	β.		+				+		33—35	
d. nasutum Ehg.	Mik. VI I 37.	+	+	+					14—35	
ε. laticeps Ehg.	V I 34.	+	+	+			+		19—23	
Turcis Ehg.	Mik. XIV 70. 71.	+	+	+			+		18—27	16
Mustela Ehg.	67.	+	+	+					36—47	15
americanum Ehg.	V I 36.	+	+	+					13—30	23
capitatum Ehg.	Syn. I S. 80 XXVIII 237.	+	+						13—26	24
β. anglicum Ehg.	Amer. III I 32.	+	+						16—26	21
constrictum Ktz.	Syn. I S. 78 XXVIII 236.	+	+	+					15—20	24
subtile Ehg.	Mik. II II 45.	+							18—21	20
Navicula 1) spitze:										
rhynchocephala Ktz.	Bac. XXX 35.	+	+						10—25	33

		S.	K.	M.	B.	O.	D.	T.	Länge	Riefen
Navicula 1) spitze:										
angustata Sm.	Syn. I S. 52 XVII 156.	+	+						15—23	40
cryptocephala Ktz.	155.	+							9—10½	42
lanceolata Ktz.	Bac. S. 94 XXX 48.	+	+					+	9—14	36
viridula Ktz.	47. IV 15.	+		+					19—32	20
veneta Ktz.	76.				+	+			5—7	53
exilis Ktz.	IV 6.		+						9—11	57
macromphala m.							+		29—31	29
Lancettula m.		+							5—6½	35
pusilla Sm.	Syn. I S. 52 XVII 145.					+			7—9	31
P. gracilis Sm.	XVIII 174.					+	+		14—22	20
punctulata Sm.	XVI 151.					+	+		16—31	23½
P. Gastrum Ehg.	Mik. XXXVII III 10.							+	8—13	22
Meniscus m.					+	+	+		16—29	19
Menisculus m.					+	+	+	+	8—13	25
amphioxys Ehg.	Amer. I. II 15.	+	+		+			+	10—23	43
P. amphioxys Ehg.	Mik. XIV 19.	+							23—30	24
P. acuta Sm.	Syn. I S. 56 XVIII 171.	+	+	+				+	28—44	20½
gracilis Ehg.	Bac. S. 91 III 28.	+	+	+					17—25	26½
radiosa Ktz.	Syn. I S. 56 XVIII 173.	+	+					+	21—30	20
angusta Grun.	Wien 1860 S. 528 V 19.	+	+						18—25	21
cuspidata Ktz.	Syn. I S. 47 XVI 131.	+	+	+					30—62	33
crassinervia Breb.	XXXI 271.	+							38—49	31
Jennerii Sm.	XVI 134.						+		23	28
P. peregrina Ehg.	XVIII 170.					+	+		37—55	13,66
sambiensis m.							+	+	17—33	18⅗
Granum Avenae m.							+	+	5—6¼	47
Rhombulus m.						+			4½—6¼	29
coccoeciformis Greg.	Wien 1860 S. 550 II 9.	+	+						9—12	45
bohemica Ehg.	Mik. X I 4.						+		39	(33)
mutica Ktz.	Bac. S. 93 III 32.							+	6—8	
Navicula 2) elliptische:										
Ovulum Grun.	Wien 1860 S. 519 I 19.					+	+		21—24	23
elliptica Ktz.	Syn. I S. 48 XVII 153.	+	+	+				+	8—20	25
β. cocconeides Rabh.	S. Diat. S. 43 VI 18.	+	+						19	29
Parmula Breb.	Alg. S. 180.	+							6½-10½	49
italica Ktz.	Syn. I S. 48 XVII 152a.								11—31	19
minutula Sm.	XXXI 274.	+	+						10½—15	55
scutelloides Sm.	Königsb. 1863 S. 20 II 22.	+	+	+	+	+	+		4—13	27,17
Scutum Schum.	1862 S. 188 IX 45.	+							12—16	33
Coccus m.	46.	+							4—12	20½
Thomasii Schum.	47.							+	8—12	24
Disculus m.	1864 S. 21 II 23.						+		8—9	16
Atomus Grun.	Wien 1860 S. 552 II 6					+	+		3½—4½	52
Ceres m.							+	+	12—13	21
Puella m.						+		+	2¾—5	38
3) leistenförmige:										
Amphigomphus Ehg.	Mik. VI I 20.	+	+						19—39	37
dilatata Ehg.	XIII I 10.	+	+					+	27—45	38
latiuscula Ktz.	Bac. S. 93 V 40.	+							21—46	36
Iridis Ehg.	Amer. IV I 2.								43—100	29
firma Ktz.	Wien 1860 S. 542 V 1.	+	+					+	19—53	38
affinis Ehg.	Amer. II II 7, IV 4.		+					+	12—22	43
β. amphirhynchus Grun.	Wien 1860 S. 543 III 5, 11.	+	+						33—44	43
γ. undulata Grun.	6.	+	+						22—31	45

		S.	K.	M.	B.	O.	D.	T.	Länge	Riefen
Navicula 3) leistenförmige:										
Bacillum Ehg.	Wien 1860 S. 543 II 1	+	+	+			+		24—42	39
minutissima Grun.	2	+	+	+				+	3—4	51
Trunculus m.						+			4—6½	46
P. cardinalis Ehg.	Syn. I S. 55 XIX 166.	+							126	9¾, 39
P. divergens Sm.	XVIII 177.	+							26	15, 40
P. nobilis Ehg.	XVII 161.	+	+	+					67—137	10⅓, 4 a.
P. major Sm.	162.	+	+						80—135	11¾
P. Dactylus Ehg.	Amer. IV I 3	+		+					27—65	13, 70
P. viridis Ehg.	Syn. I S. 54 XVIII 163.	+	+				+		30—78	14½, 54
oblonga Ktz.	Bac. S. 97 IV 21.									
α. P. viridula Ehg.	Syn. I S. 55 XVIII 165.	+	+	+			+		35—82	13¾
β. P. macilenta Ehg.	Mik. I II 7	+		+			+		34—53	16
γ. lanceolata Grun.	Wien 1860 S 523 II 25.			+					29—48	18
δ. acuminata Grun.	24.	+							19—22	25⅔
dispar Schum.	Koenigsb. 1862 S. 189 IX 50.	+	+						22—30	18. 4 a
alternans m.		+	+						22—27	21½, 60
β. minor		+							15—16	26½
P. acuminata Sm.	Syn. I S. 55 XVIII 164.	+		+					23—25	21½
hemiptera Ktz.	Bac. S. 97 XXX 11.	+	+	+					18—35	20, 70
Brebissonii Ktz.	Syn. I S. 57 XIX 178.	+	+	+					20—26	24
— — — — — — — β.	178 β.	+							12½	34
P. interrupta Sm.	184	+		+					18—25	23
P. gracillima Greg.	Alg. S. 199.	+							14	28½
aperta m.						+			20—25	19½, 4 a
bipectinalis m.	Wien 1860 S. 518 II 14.	+							33—44	17, 4 a
P. borealis Ehg.	Mik. XXXIX II 93. 94.	+							9—24	12½, 4 a
candida m.					+				6½-10½	17½
fuscata m.						+			13—22	39
bilineata m.	Königsb. 1862 S. 183 VIII 49.							+	11—13	
humerosa Breb.	Wien 1860 S. 536 I 26.				+	+			18—27	25
dicephala Ehg.	II 45.	+	+						11—20	23
dubia Ehg.	Königsb. 1864 S. 21 II 25.	+		+					17—25	40
4) mit Anschwellungen:										
acrosphaeria Ktz.	Bac. S. 97 V 2.	+	+	+					27—52	18
P. stauroptera Rabh.	Wien 1860 S. 516 II 19.									
β. perizonata m.		+							28	10½, 22
P. gibba Ehg.	Amer. I II 8.	+							24—25	20½
P. decurrens Ehg.	III I 5.	+	+	+					28—43	19
biglobosa m.		+							23—29	21, 4 a
P. pachycephala Rabh.	S. Diat. S. 43 VI 40.	+							8	40
P. Cyprinus Ehg.	Amer. S. 132 I II 7.		+						27	14
P. leptogongyla Ehg.	Mik. XIV 4; XV 138.	+	+	+					20—40	32
perpusilla Grun.	Wien 1860 S. 552 II 7.	+	+					+	4—13	67
Granum m.	5.	+							11	44
inflata β. Ktz.	Syn. I S. 50 XVII 158.	+	+	+				+	5½—13	21½
P. Semen Ehg.	XVI 141.		+	+				+	12—23	17½
obtusa Sm.	140.			+					19	35
Seminulum Grun.	Wien 1860 S. 552 II 3.	+		+					4½—6	31
tumida Sm.	43. 44.	+	+	+				+	9—16	18
Amphisbaena Bory.	Syn. I S. 51 XVII 147 α.	+	+						16—38	36
— — — — — — — β.	β.	+	+		+	+			17—38	34
— — — — — — — Ehg.	Amer. III I 12.	+							1½—10	35
Carassius Ehg.	II II 11.	+	+	+					9—18	37

		S	K	M	B	C	D	T	Länge.	Riefen.
Navicula tumens Sm.	Syn. I S. 52 XVII 150.				+	+			30—41	30
sphaerophora Ktz.	148.	+	+	+			+		24—41	34
ambigua Ehg.	XVI 149.	+	+						25—35	36
hungarica Grun.	Wien 1860 S. 539 I 30.	+							6—7	27
Pupula Ktz. .	Bac. S. 93 XXX 40.	+				+			6—13	43
Trochus Ehg.	Königsb. 1862 S. 189 IX 52.	+	+						15—18	39
Trabecula Ehg.	Mik. II ııı 5, III ıı 9	+	+						25—45	44
subrotunda m.	•								3½—5	32
subquadrata m.		+							4—4½	38
binodis Ehg.	Syn. I S. 53 XVII 159	+	+						9—13	51
didyma (Ehg.)	154			+	+	+	+		12—31	19
	154 a*					+			15—32	15⅓
nodulosa Ktz.	Bac. S. 101 III 57.	+	+						22—38	20⅓
Crabro (Ehg.)	Mik. XIX 29.						+		17—28	20
limosa Ktz.	Bac. S. 101 III 50.								12—28	41
β. gibberula Ktz.	50*	+	+	+				+	31—55	37
γ. bicuncata Grun.	Wien 1860 S. 545 III 7	+	+						16—24	38
δ. truncata Ktz.	8 d, c 9	+	+	+					14	38
ε. perizonata m.									24—39	16⅔, 40
P. mesotyla Ehg.	Mik. XVI ııı 27.	+		+				+	14—18	19
P. Esox Ehg.	Amer. I ıı 4				+				51—76	16
Esoculus Schum.	Königsb. 1862 S. 189 IX 53.	+	+						13—25	60
Undula Schum.	37.		+						34—42	22
P isocephala Ehg.	Mik. V ııı 21.								22—23	20½
mesolepta Ehg.	Wien 1862 S. 520 II 22 ab.	+	+	+					17—34	21
P. nodosa Ehg.	Amer. II ı 31?								14—24	26
β. stauroneiformis	Wien 1860 S. 521 II 21.	+							14—30	26
P. Monile Ehg.	Mik XVII ı 12.						+		19—32	19
trigibbula m.									10—13	26
distenta m.		+							14	24
Perizonium Braunii Jan.	Alg. S. 19 Fig. 61, S. 228.	+							24—44	10¾, 41
Pleurosigma 1) Riefen schief.											
elongatum Sm.	Syn. I S. 64 XX 199.				+	+			111—164	41
delicatulum Sm.	XXI 202.				+	+			49—70	57
strigosum Sm.	203.					+			84—103	42, 39, 39
Nubecula Sm.	201.								35	50
intermedium Sm.	200.				+	+			64—144	46, 37, 37
candidum m.						+			30—44	45
2) Riefen gerade.											
Strigilis Sm.	Syn. I S. 66 XXII 208.				+	+			120—165	29, 33
attenuatum Sm.	216.	+	+	+			+		72—128	30, 27
Spenceri Sm.	218.	+	+				+		35—49	46, 43
Hippocampus (Ehg.)	215.				+	+			40—66	37, 31
Kützingii Grun.	Wien 1860 S. 561 IV 3.	+							34—51	52, 44
pumilum m.	7.	+							20—28	65, 46
acuminatum Sm.	Syn. I S. 66 XXI 209.								31—46	36, 35
lacustre Sm.	217.								38—60	43, 41
acuminatum (Ktz.)	Bac. S. 102 IV 26?	+	+						43—53	37, 42
Scalprum (Gaillon)	Amer. III ı 16.	+							24—50	37, 42
Scalpellum Pritch.	S. Diat. S. 47 V 10.								32—50	37, 42
Fasciola Sm.	Syn. I S. 67 XXI 211.						.	+	38—47	54, 50
prolongatum Sm.	XXII 212.							+	54—58	50, 33
bistriatum m.									38—52	26, 26
Stauroneis Phoenicent. Ehg.	Syn. I S. 59 XIX 185.	+	+	+				+	52—73	28¼

		S.	K.	M.	B.	O.	D.	T.	Länge	Riefen
Stauroneis										
gracilis (Ehg.?) Sm.	Syn. I S. 59 XIX 186.	+	+	+					23—38	39
amphilepta Ehg.	Amer. I II 13.	+	+	+					7—15	40
anceps Ehg.	II I 19.	+	+	+					24—40	37
amphicephala Ktz.	Bac. S. 105 XXX 25.	+	+	+					19—26	41
linearis Ehg.	Am.I II 11; Mik. XXXIX III 106.	+	+						11—19	33
dilatata Sm.	Syn. I S. 60 XIX 191.	+	+	+				+	15—24	32
— — Ehg.	Mik. XXXIX III 103.		+			+	+	+	7—20	34
Meniscus Schum.	Königsb. 1862 S. 169 IX 54.		+						15—27	18
Eichhornii Schum.	55.		+						17—26	25
pumila Ktz.	1864 S. 22 II 30.	+							7—9	23
truncata Rabh.	28.	+	+	+				+	15—24	16
punctata Ktz.	Syn. I S. 61 XIX 189.	+	+	+				+	14—24	24
Smithii Grun.	193.	+	+						8—18	53
erythraea Grun.	Wien 1860 S. 567 IV 17.							+	27—28	22
exilis Ktz.	Bac. S. 105 XXX 21.	+							6	55
nobilis m.			+						46—51	31
Pleurostaurum acutum Rabh.	Syn. I S. 59 XIX 187.	+	+	+				+	50—67	27²/₃
Amphiprora paludosa Sm.	Königsb. 1862 S. 190 IX 56.	+					+	+	9—40	20, 55
alata Ktz.	Syn. I S. 44 XV 124.							+	28—39	11½, 38
constricta Ehg.	Amer. II VI 28.							+	40	25, 2 a
Schizonema neglectum (Thw.)	Syn. II S. 70 LVI 352.	+							20—25	26
Mastogloia lanceolata Thw.	S. 64 LIV 340.						+	+	12—19	15, 37
Smithii Thw.	341.	+			+	+	+	+	14—28	13, 39
Grevillii Sm.	LXII 349.						+		14—19	18, 18
antiqua Schum.	Königsb. 1862 S. 190 IX 58.	+					+		13—22	11, 27
Amphitetras parallela Ehg.	Mik XIX A 20.							+	7	10
Biddulphia turgida (Ehg.)	Syn. I S. 50 LXII 384.								38—50	23
Odontella polymorpha Ktz.	Bac. S. 138 XXIX 90.								12—35	17, 34
Zygoceros Balaena Ehg.	Mik. XXXV A. XXIII 17.								30—58	15, 30
Chaetoceros boreale Bail.	Breslau 1862 Heft II S. 2.							+	5—12½	42, 63
bisetaceum m.								+	19	17, 44
Melosira Binderiana Ktz.	Bac. S. 55 II 1.	+	+						3—6	21, 21
hetrurica Ktz.	6. (0, 4, 7)	+	+						5—13	15, 19
varians Ag.	10.	+	+						5—7	32
distans (Ehg.)	12.	+	+					+	3—6	29, 29
Juergensii Ag.	15.						+		4—9	35, 35
orichalcea Ktz.	14.	+	+	+					7—12	31
nummuloides Ktz.	III 3.					+	+		8—11	35, 35
salina Ktz.	4.						+		5—8	31, 31
campylosira (Ehg.)	Mik. XXXV A. XIII B. 1, 2, 3.								2¼—7	24, 24
arenaria Moore	Bac. S. 55 XXI 27.	+	+						17—35	14 (28)
granulata (Ehg.)	Syn. II S. 62 LIII 339.								3—10	19, 19
moniliformis Ag.	L 330.					+	+		14—30	29, 29
lineata Ag.	Bac. S. 53 II 16, III 1.							+	9—15	25, 25
Cyclotella Kützingiana Thw.	Syn. I S. 27 V 47.	+	+	+				+	4—13	15, 2 a
operculata Breb.	48.	+	+	+					6—11	9, 4 a, 30
antiqua Sm.	49.	+	+	+					4—13	12, 3 a
Astraea (Ehg.)	50.	+	+	+					12—18	6, 18 (36)
β. spinosa m.	Königsb. 1862 S. 164 VIII 15.		+						15—26	5¼, 17½
Discoplea umbilicata Ehg.	Mik. XXXV B. B. IV. 9.								4—12	25, 50, 26
annulata m.									7—10	0,43.33,20,16
atlantica Ehg.	Mik. XXXIX II 29.								7—17	0, 16, 0
atmosphaerica Ehg.	II 28, I 17.							+	9—21	0, 19

		S.	K.	M.	B.	O.	D.	T.	Länge.	Riefen.
Discoplea Var. ocellata m.								+		7—26	0, $\frac{5}{7}$, 17$\frac{1}{2}$
sinensis Ehg.	Mik. XXXIX I 16.					+	+		6—20	0, 20, c. 30
Var. ocellata m.								+		8—16	0, $\frac{5}{7}$, 20, c. 30
sinensis α Ehg.	Mik. XXXIV VII 2.							+		4—13	0, 21, c. 30
Var. ocellata m.								+		9—16	0, $\frac{5}{7}$, 21, c. 12
undulata Ehg.	Mik. XXXIII VIII 3.							+		6—40	30, 30
gracca Ehg.	Mik. VI 1 a. b.							+		9—16	0, 37, 24
β. holostica Ehg.	2							+		9—12	14, 40, 32
γ. semiocellata m.								+		8—12	2⁹/₁₀, 42, 29
δ. baculifera m.								+		8—9	2⁷/₁₀, 44, 27
margaritifera m.								+		8—17	24 (48), 12, 33
bipunctata m.								+		7—10	31
comta Ehg.	Mik. XXXVIII A. XII 1, 2, 3							+		5—7	0, 22
Mastogonia Actinopt. Ehg.	Mik. XXXIII XIII 16.							+		12—16	9, 36
Coscinoducus radiatus Ehg.	Mik. XXII 3.							+		40	13, 15—12
vicinus m.	XXXIII XIII 2. 2.*							+		23	0, 33, 19—12
vulgaris m.	XXXV A XVII 6; XVIII 46							+		17—54	0, 15³/₈
fallax m.	XIX 1, XXI 1.							+		34	0, 10
varius m.								+		27—44	0, 13$\frac{1}{2}$
subtilis Ehg.	XXXIII XIII 4.							+		12—40	0, 29
eccentricus Ehg.	XVIII 32.						+	+		7—32	0, 21
Var. marginalis m.								+		8—9	11, 27
lineatus Ehg.	XXXV A. XVI 3, XVII 4,							+		6—29	0, 25
Var. ocellatus m.	XXII 6.							+		10	0, 5, 23
cinctus Ktz.	Bac. S. 131 I 17.							+		12—40	25, 25
striatus Ktz.	8.							+		18—33	20, 20
minor Ehg.	12, 13.	+				+	+			5—12	0, 15
minutus Ktz.	14.							+		4—12	0, 13$\frac{1}{2}$, 32
minimus m.							+	+		2$\frac{1}{2}$—6	23, 23, c. 21
Stephanodiscus Niagarae Ehg.	Mik. XXXV A. VII 21, 22.							+		28	34, 7, 17
sinensis Ehg.	XXXIV VII 7.							+		12—20	32, 8, 16
balticus m.								+		7	20, 40, 20
St.? lineatus Ehg.	XXXIII XIII 22.							+		7—12	11, 26
Actinoptychus gracilis m.								+		12—36	6²/₃, 29$\frac{1}{2}$
Actinocyclus Janischii m.	Breslau 1862 I B. 2, 10, 11.							+		30—56	36, 1³/₅, 18
Ehrenbergii m.	Mik XIX 5—10.							+		10—46	38, 1⁷/₁, 19
semiocellatus m.								+		12—15	41, 1⁵/₉, 20$\frac{1}{2}$
clavifer m.								+		8—30	41, 1⁴/₅, 20$\frac{1}{2}$
ancorifer m.								+		10—40	41, 1⁸/₉, 20$\frac{1}{2}$
arcuatus m.								+		12—42	39, 2, 19$\frac{1}{2}$
cruciatus m.								+		8—11	20, 1²/₅, 40
Dictyocha tripartita m.								+		11—12	16, 31

Es sind somit gefunden worden:

in den offenen Süsswassern 282
im Königsberger Lager 215
in den alluvialen Kalkmergellagern . . . 143
in brackischen Wassern 94
in der Ostsee 144
in dem diluvialen Lager von Domblitten . . 86
im Bernstein 18
von preussischen Diatomeen überhaupt . . . 470 Arten.

Die Zahl der von W. Smith in England und an den dortigen Küsten bis zum Jahre 1856 gefundenen Diatomeen-Arten mit Einschluss derer, die er von seinen Freunden erhalten, beträgt 455.

Zunächst gebe ich die Erläuterung einiger Kunstausdrücke, die ich in den nachfolgenden Beschreibungen brauche.

Den mittleren Streifen der Nebenseite, der z. B. bei Pinnularia viridis von Canälen nicht überzogen ist, nenne ich Längsstreifen, Taenia longitudinalis; die auf beiden Seiten der Längslinie gelegenen meistens stark markirten Grenzen des Längsstreifens nenne ich Begleitlinien, Lineae comitantes. Ich bezeichne ferner öfters den Centralknoten einer Navicula und verwandter Formen, auch das Centrum eines Actinoptychus mit Umbilicus, Nabel, bemerke indess ausdrücklich, dass ich bei dem Gebrauche dieses Ausdrucks weder an die Nabelschnur noch an die Hebamme denke; ebenso wenig als mich der Mohnkopf an Augen und Ohren, der Hals des Flaschenkürbis an' Kehlkopf und Stimmritze', der bauchige Kelch einer Lychnis an Milz und Leber erinnert. Diese Bemerkung scheint mir am Orte zu sein, da selbst Männer wie W. Smith derartige Ausdrücke auf das heftigste tadeln — um sie gelegentlich selbst zu brauchen. Auf Seite XXVIII des ersten Theiles der von ihm edirten Synopsis schreibt W. Smith: Thus, the terms ventral and dorsal, employed by Ehrenberg, would be clearly inconsistent, if not unmeaning. In derselben Synopsis schreibt derselbe W. Smith auf Seite 15 desselben Theiles: dorsal ridges. Das nennt man Herren Ehrenberg rectificiren! Nebenbei mag noch an den alten Homer erinnert werden, der, ohne wie es scheint Gewissensbisse darüber zu fühlen, den mittleren Buckel des Schildes Omphalos nennt.

Bei vielen, vielleicht bei allen Arten von Nitzschia und Tryblionella hat die Nebenseite eine Längslinie, die sich bei einigen grösseren Arten als Falte zeigt. Ich nenne sie Längsfalte, Plica longitudinalis. Bei Actinocyclus und verwandten Formen nenne ich den zwischen dem Rande und der Scheibe gelegenen Streifen Ring, Annulus. Schliesslich noch zwei Ausdrücke, die sich auf Stellung der Punkte (Körner, Zellen) benachbarter Punktreihen beziehen. Wenn wir in irgend einem System paralleler Reihen äquidistanter Punkte eine Reihe als Grundreihe nehmen und dieselbe rechtwinkelig gegen ihre Richtung verschoben denken, bis sie in die Lage der benachbarten Reihe kommt, so treffen entweder die Punkte der Grundreihe auf die Punkte der benachbarten Reihe oder nicht. Tritt der erste dieser Fälle ein, so nenne ich die Punkte (Zellen) correspondirend (Cellulae correspondentes); im zweiten Falle alternirend (Cellulae alternantes). In jenem Falle sind zwei auf einander senkrecht stehende Streifensysteme vorhanden, in diesem mit Ausnahme des Hauptsystems noch zwei schiefe. Der letzte Fall ist dann rein ausgeprägt, wenn zwei benachbarte Punkte der Grundreihe mit dem nächsten Punkte der benachbarten Reihe ein gleichschenkeliges oder gleichseitiges Dreieck bilden. Als Beispiele nenne ich die beiden Gruppen von Pleurosigma.

Epithemia Hyndmanni, früher von mir nur in einem am Spirding-See gelegenen alluvialen Kalkmergel-Lager und in dem diluvialen Lager von Domblitten bei Zinten gefunden, hat sich ohnlängst auch im Königsberger Lager und lebend im Pissa-Flusse bei Johannisburg in Masuren gezeigt.

Himartidium Faba Ehg. ist nicht H. Solcirolii Ktz.

Asterionella gracillima im Oberteiche bei Königsberg; sie bildet meistens bei jeder Rotation einen siebenstrahligen Stern.

Fragilaria undata häufig im süssen Wasser und im Hafen von Pillau.

Fragilaria Lancettula. Fr. minor, late lanceolata, striis granulatis interruptis, taenia longitudinali angusta. Long. 4 — 8, lat. $= \frac{4-5}{10}$ longitudinis, striae (quarum longissimae e 4—5 granulis compositae sunt, 23½ in ¹/₁₀₀ Lin. Exemplaria 22 observata sunt et examinata.

Fragilaria elliptica. Fr. minima, elliptica, striis granulatis interruptis, taenia longitudinali plus minusve aperta. Long. 2—4, lat. $= \frac{4-5}{10}$ longitudinis, striae 25 in ¹/₁₀₀ L. 6 Ex. Diese Form zeigt bisweilen Neigung in jene überzugehen; beide sind indess sicher nicht Varietäten von Odontidium? Harrisonii Sm., da dieses letztere wesentlich anders gestaltet ist und nur 11½ Streifen auf ¹/₁₀₀ einer Linie hat. Auch sind Trag. contracta Schum. und biconstricta Rabh. Königsb. 1862 S. 184 VIII 12 A B c d schon deshalb nicht mit Frag. capuzina zu vereinigen, da sie unterbrochene Querriefen haben. Frag. biconstricta ist wohl identisch mit derjenigen Form, die Heiberg im Jahre 1863 als Fr. bidens beschreibt. S. Comp. crit. Dan. S. 60 V 14. Ein sehr dünnwandiger ziemlich grosser Campylodiscus, von dem ich mehrere Fragmente im Pissa-Flusse bei Johannisburg und im Königsberger Lager gefunden, scheint mir C. radiosus zu sein. Für Camp. spiralis hat sich kein neuer Standort ermitteln lassen; er ist nur in einem Sumpfe des Dorfes Steinbeck bei Königsberg, daselbst aber sehr zahlreich, gefunden worden. Bei Camp. cribrosus sieht man die Rippen nur bei schwacher Vergrösserung deutlich. Sehr häufig ist Camp. parvulus.

Campylodiscus Stellula. C. minor, subrotundus, disco et costa longitudinali praeditus. Long. 13—21, lat. $= ⅝$ longitudinis, canaliculi validi 8, striae 32 in ¹/₁₀₀ Lin. 18 Ex. In mari baltico.

Surinella longa. S. major, linearis, media parte subtumida, apicibus cuneatis rotundatis; alis, costis et striis manifesto notatis. Long. 68, lat. $= ⅐$ longitudinis, costae 7½, striae 30 in ¹/₁₀₀ Lin. 1 Ex. In fossa prope Regiomontum sita. Ein gestrecktes Exemplar einer bekannten Art?

Sur. elegans ist dieselbe, die ich früher S. dentata nannte.

Sur. Gemma hat sich nur 3 mal gezeigt.

Surinella baltica. S. ovalis, margine interiori undulato, costis et striis punctatis distinctis. Long. 19—37, lat. $= \frac{5-6}{10}$ longitudinis, costae 6²/₃, striae 32 in ¹/₁₀₀ Lin. 19 Ex. In mari baltico. In geglühtem Zustande erscheint sie rauh, im Balsam zeigt sie weiche Formen. Sur. laevigata Ehg. Mik. XXXIII xiv 24 hat einen ähnlichen Flügel-Rand, aber nur 3 Rippen auf ¹/₁₀₀ Lin. und ist 0,065 Lin. lang.

Sur. Brightwellii und Crumena muss ich vorläufig für verschiedene Species halten, da die aus Durchmessung von je 11 Exemplaren gefolgerten Zahlen für die Canäle nicht genug übereinstimmen. Sur. salina ist eine festbegrenzte Form, deren Umriss Smith treu wieder giebt.

Cymatopleura elliptica, ebenso häufig im Pillauer Hafen und in der Ostsee als im süssen Wasser, tritt in der Ostsee nicht selten in eigenthümlicher Form auf. Die Seitenränder parallel, die Enden keilförmig, die Wellen nach Innen gebrochen. Siebenzehn Frusteln, die ich durchmessen, gaben mir eine grössere Zahl für die Randaugen, als ich sie bei der gewöhnlichen Form gefunden. Doch habe ich sie vorläufig als Varietät C. fracta aufgeführt. — Mit Cym. Hibernica ist es mir ebenso gegangen, wie Herrn Grunow. Die beiden Frusteln, die ich mit einigem Bedenken hierher gezogen habe, zeigen ebenso gestaltete Randaugen als Cym. elliptica, doch stehen sie weiter von einander ab.

Von **Amphipleura pellucida** habe ich die gewöhnliche Form im süssen Wasser gefunden (Länge 34—44, Breite $= \frac{1}{10}$ bis $\frac{1}{7}$ der Länge), ausserdem zwei besonders lange und verhältnissmässig schmale Frusteln in der Ostsee (Länge 71—93, Breite $= \frac{1}{15}$ der Länge), die sich auch durch viel niedrigere Riefenzahlen auszeichnen. Sollte hier eine marine Art vorliegen? Oder sollte es eine Sporangialform sein, die sich nur in der See ausbildet? **Amph. rigida** (sigmoidea Sm.) ist sehr häufig; die für sie gegebenen Riefenzahlen gründen sich auf Durchmessung von 13 Frusteln. Auch ist **Amph. danica** häufig.

Nitzschia dubia Hantzsch und N. dubia Sm. sind wesentlich verschieden. **Nitzschia dubia** β. Sm. $=$ N. constricta (Ktz.) zeigt bei genauerer Untersuchung eine Längsfalte. N. **Ehrenbergii** m. $=$ Synedra spectabilis Ehg. ist nach Ehrenbergs und meinen Beobachtungen eine Süsswasser-Species.

Nitzschia Anguillula. N. minor, gracilis, sigmoidea, apicibus acutis. Long. 11—41, lat. $= \frac{1}{12}$ longitudinis; puncta marginalia manifesto notata 29, striae transversales tenerrimae 73 in $\frac{1}{100}$ Lin. 10 Ex. In portu Pillawensi et in mari baltico. Ein etwas breiteres Exemplar zeigte sich im süssen Wasser.

Nitz. panduriformis ist sehr ähnlich der Grundform N. latestriata (Breb.) = bilobata Sm., nur schlanker, mit keilförmigen gerade abgestutzten Enden und stets braun. In der von Smith gegebenen Abbildung fehlt die innere Grenze der oben liegenden Nebenseite. Bei allen Arten der **Nitzschiella** scheint die Zahl der feinen Streifen das 2- oder 3fache der Zahl der Randpunkte zu sein.

Tryblionella gracilis hat, entsprechend der in der Synopsis gegebenen Abbildung, eine sehr kräftige Längsfalte. Den Namen Trybl. antiqua gebe ich den Formen, die am Rande Ocelli aber kurze Canäle zeigen, im Uebrigen der Tr. angustata gleichen. Dass Tr. contracta m. Königsb. 1862 S. 186 VIII 20 in demselben Jahre, aber etwas früher, von Grunow den Namen Tr. Victoriae erhalten, wusste ich zur Zeit nicht. Ihr ähnlich, aber derber ist

Tryblionella Neptuni. Fr. minor, valvis bacillaribus, apicibus cuneatis vel rotundatis, plica longitudinali valida, striis parallelis manifesto granulatis. Long. 16—29, lat. $= \frac{2}{5}$ longitudinis, striae $13\frac{1}{2}$ in $\frac{1}{100}$ Lin. 15 Ex. In mari baltico prope Pillau saepe reperta est. Bei geglühten Exemplaren scheint die Nebenseite zwei Längsfalten zu haben, da die untere durchscheint.

Homoeocladia biceps. H. minima, anguste lanceolata, apicibus capitatis rotundatis. Long. 5—8, lat. circa $\frac{1}{6}$ longitudinis, striae breves marginales manifesto notatae 27, striae perviae tenerrimae 77 in $\frac{1}{100}$ Lin. 14 Ex. In portu Pillawensi. Ich habe sie gruppenweise in Schleimmassen gefunden, deren natürliche Form ich nicht angeben kann. Noch bemerke ich, dass die Zahl 77 nicht sicher ist; wahrscheinlich wird für sie $3 . 27 = 81$ zu setzen sein.

Die Kenntniss der **Cocconeis**-Arten, kräftig gefördert durch die erfolgreichen Arbeiten Kützings, hat später ebenso kräftige Rückschritte gemacht, wohl in Folge eines Irrthums von W. Smith, der alle häufiger auftretenden Süsswasser- und Seeformen auf etwa 4 Species zurückführen zu können meinte. Ich habe die meisten der von Kützing beobachteten Species wiedergefunden und in Folge zahlreicher Messungen als verschieden erkannt. Die von mir gegebenen Riefenzahlen gründen sich bei fast allen auf 10 bis 18 Messungen, sind also innerhalb sehr kleiner Schwankungen als sicher anzusehen. Nur scheint mir in der That C. oceanica als Varietät von **Placentula** angesehen werden zu müssen, da beide in der

Zahl der kurzen Randkanäle und in der Riefenzahl übereinstimmen, bei beiden ferner die Punkte benachbarter Reihen mit einander alterniren, wodurch zwei auf einander senkrecht stehende, unter 45 Grad gegen die Achse geneigte Streifensysteme entstehen. Manche marine Frusteln sind dunkelbraun, unterscheiden sich indess in dem Schalengewebe nicht von den ungefärbten.

Cocc. Scutellum feingekörnt mit deutlicher Mittellinie; Cocc. mediterranea mit Körnern mittlerer Grösse und ohne (leicht bemerkbare) Mittellinie (den Centralknoten habe ich bei 20 Frusteln, mit Hilfe einer entfernten Lichtflamme, nur 10 Mal gesehen); Cocc. peruviana grobgekörnt; Cocc. marginata mit zwei Reihen Randperlen. Nicht selten, aber wie es scheint auf eine der Kützing'schen Arten nicht reducirbar ist.

Cocconeis tenera. C. magna, subrotunda, canaliculis marginalibus et striis manifestis longitudinalibus carens, nodulo centrali subtransversali. Long. 12—22, lat. = $^3/_4$ longitudinis, striae tenerae transversales 31, longitudinales rectae 35 in $^1/_{100}$ Lin. 10 Ex. In mari baltico.

Cocconeis baltica. C. minor, longo-elliptica, lateribus compressis, apicibus rotundatis; linea media recta mediocriter notata, lineis comitantibus manifesto signatis; nod. centr. elliptico vel subquadrato, nod. term. minimis rotundis remotis, striis parallelis granulatis. Long. 8—11, lat. circa $^1/_2$ longitudinis, striae (quarum longissimae e 6 granulis compositae sunt) 28 in $^1/_{100}$ Lin. 3 Ex. In portu Pillawensi et in mari baltico. Similis est Cocc. interrupta Grun. Wien 1862 S. 145 XIII 14.

Cocconeis sigmoidea. C. subrotunda, sigmoidea, linea media manifesto notata parum sigmoidea. Long. 9—12, lat. = $^7/_8$ longitudinis, striis tenerrimis punctatis 39 in $^1/_{100}$ Lin. 5 Ex. In flumine Pissa prope Johannisburg in Masovia. Bisweilen scheinen beide Hälften der Mittellinien nach derselben Seite gebogen zu sein. Die Rückenseite hat, wie bei allen Cocconeis-Arten, keine Mittellinie, aber dieselben zarten Querstreifen, deren Punkte mit den benachbarten alterniren. Sie erinnert einerseits an Cocc. Pediculus, das indess wohl nie eiförmig gekrümmt ist und stets starke Längslinien zeigt, andererseits an Achnanthidium Flexellum.

Achnanthidium neglectum. A. minimum, rhombeo-ellipticum, taenia longitudinali et transversa manifestis, linea media parum notata, striis transv. tenerrimis. Long. 6—7, lat. = $\frac{4-5}{10}$ longitudinis, striae 51 in $^1/_{100}$ Lin. Im Landgraben bei Königsberg. Ich habe dies Achn. nicht selten gesehen, aber nur 2 Mal durchmessen. Es steht seiner äusseren Contur nach dem Achn. lanceolatum sehr nahe und ist wohl mit ihm öfters verwechselt worden. Die zuletzt genannte Species, in der Synopsis von W. Smith naturgetreu dargestellt, hat nach meinen Beobachtungen 25 deutliche Riefen auf $^1/_{100}$ Lin., d. h. 28 auf $^1/_{1000}$ Zoll Lond., während Smith 40 angiebt. Vielleicht ein Druckfehler, da die in der Synopsis gegebenen Abbildungen durchschnittlich nur 27 Querstreifen auf $^1/_{100}$ einer Par. Linie haben.

Achnanther rhomboides Ehg. Amer. S. 121 = A. ventricosa. Ktz.

Für Achnanther exilis finde ich aus 6 Ex. die Riefenzahl 62.

Rhoicosphenia fracta β. baltica, häufig in der Ostsee bei Pillau, ist durchschnittlich schmaler und hat eine höhere Riefenzahl als die im Süsswasser lebende Grundform. Die Enden sind bisweilen gekrümmt.

Bei Doryphora Boeckii endet jede halbe Längslinie jederseits mit einem Punkte, ausserdem ist noch an jedem Ende der Nebenseite ein Punkt bemerkbar. Abgesehen von den groben Querstreifen der Schale, zeigt sowohl die Schale als auch das Kieselband ein System feiner Querstreifen, für die ich die Riefenzahl 67 gefunden. Vielleicht dass dieses

System die bisweilen recht deutlichen blauen Irisfarben bedingt, die man an geglühten Panzern bemerkt. Lebende Frusteln, die sich von ihren derben Stielen getrennt haben, zeigen eine schwache selbstständige Bewegung.

Ceratoneis minor m. könnte ein Jugendzustand von C. lunaris sein, während Cer. cuspidata m. vielleicht als selbstständige Species zu behandeln wäre. Auf den Carpathen hat sie 29—35 Querstreifen auf $1/_{100}$ Lin.; das einzige in Preussen gefundene Exemplar, das die Riefenzahl 41 zeigt, ist daher ein besonders feinriefiges.

Ceratoneis depressa. Latus secundarium subrectum, apicibus paullisper curvatis et recurvatis obtusis. Long. 36, lat. mediae partis $= 1/_{21}$ longitudinis, striae 36 in $1/_{100}$ Lin. 1 Ex. In fossa prope Sensburg in Masovia. Auch sie tritt öfters in den Carpathen auf.

Amp|þra globosa. A. major, valvis tumidis. Long. 11—26, lat. $= 3/_4$ longitudinis, striae 30 in $1/_{100}$ Lin. 12 Ex.

Ani phora globulosa. A. minima, valvis tumidis. Long. $3^1/_2 - 5^1/_2$. lat $= 1/_5$ longitudinis, striae 33 in $1/_{100}$ Lin. 11 Ex. Beide häufig im Pissaflusse bei Johannisburg. Jene schliesst sich an A. ovalis, diese an A. borealis an.

Gomphonema Cygnus ist nicht $=$ Sphenella rostellata.
Gomphonema gracillimum. G. minus, gracile, apicibus contractis, nodulo centrali elliptico, nod. term. parvis rotundis, striis brevibus manifesto notatis. Long. 10 — 15, lat. $= 1/_7$ longitudinis, striae (e tribus granulis compositae) $22^1/_2$ in $1/_{100}$ Lin. 7 Ex. In deposito Regimontano. Wohl eine Var. von G. gracile Ehg. Amer., das mit G. dichotomum Ktz. auch nach dem Urtheile Kützing's (s. Bac. S. 86) nicht identisch ist.

Navicula veneta Ktz. Bac. XXX 76 und Nav. exilis Ktz. Bac. IV 6 (mit Ausschluss der letzten Figur) sind verschiedene Species, wenn auch die (aus Durchmessung von 11 und 4 Frusteln gefolgerten) Riefenzahlen 53 und 57 einander nahe stehen. Bei jener beträgt die Breite etwa $1/_3$, bei dieser etwa $1/_5$ der Länge; jene ist etwas spitzer als diese.

Navicula macromphala. N. major, lanceolata, apicibus obtusissimis, linea media recta firma, nodulo centrali magno rotundo vel subtransversali, nod. term. perpusillis, area magna rotunda, striis transv. subradiantibus. Long. 29—31, lat. valvae $= 1/_3$ longitudinis, lat. apicum prope $1/_3$ latitudinis maximae; striae (quarum longissimae circa 17 granula continent) 29 in $1/_{100}$ Lin. 2 Ex. In mari baltico.

Navicula Lancettula. N. minima, late lanceolata, umbilico rotundo, striis manifesto notatis subradiantibus. Long. 5—$6^1/_2$, lat. $= \frac{3-4}{10}$ longitudinis, striae 35 in $1/_{100}$ Lin. 10 Ex. In aquis fluentibus prope Regimontum et Johannisburg in 'Masovia.

Pinnularia gracilis Sm. habe ich zu den Brack- und Seeformen zählen müssen, da ich nur in dem Hafen von Pillau und in der Ostsee Frusteln gefunden, die der Zeichnung von Smith entsprechen.

Für Nav. punctulata finde ich (aus 23 Ex.) $23^1/_2$ Querriefen, (aus 6 Ex.) $26^1/_1$ den Seitenrändern parallel gehende Längslinien auf $1/_{100}$ Lin. Die Mittellinie ist am rundlich viereckigen Nabel stark angeschwollen. Manche Frusteln sind meniscusförmig; bei anderen ist die Spitze derart abgerundet, dass sie fast elliptisch genannt werden müssen.

Navicula Meniscus. N. menisciformis, apicibus non vel plus minusve prominentibus, linea media recta, lineis comitantibus manifesto notatis, nodulo centrali subtransversali, nod. term. rotundis parvis, striis subradiantibus. Long. 16—29, lat. $= \frac{3-4}{10}$ longitudinis, striae (quarum longissimae e circa 8 — 9 granulis parum notatis sunt compositae) 19 in $^1/_{100}$ Lin. 13 Ex. In deposito Regimontano, in portu Pillawensi, in mari baltico. Alles ist an ihr in weichen Formen ausgeführt.

Navicula Menisculus. N. minor, menisciformis, apicibus non vel parum prominentibus, linea media recta, lineis comitantibus manifesto notatis, nodulo centrali rotundo vel subquadrato, nod. term. rotundis parvis, striis subradiantibus. Long. 8—13, lat. $\frac{4-5}{10}$ longitudinis, striae (quarum longissimae e 4—5 granulis manifestis compositae sunt) 25 in $^1/_{100}$ Lin. 9 Ex. In aquis fluentibus, in deposito Regimontano, in mari baltico. Beide sehr häufige Species sind wohl bisher Anonymi geblieben.

Pinnularia acuta Sm. kann als spitze Grenzform sowohl von Pinn. amphioxys Ehg., als von Nav. radiosa Ktz. angesehen werden. Pinn. peregrina hat (als Mittel aus 23 Messungen) 13 Canäle auf $^1/_{100}$ Lin. und noch ein feines, die ganze Schale überziehendes System von Querstreifen, das die Riefenzahl 66 hat.

Navicula Sambiensis. N. menisciformis, linea media recta mediocriter notata, nodulo centrali magno rotundo, nod. term. perpusillis, area in taeniam longitudinalem transeunte, striis validis subundulatis radiantibus. Long. 17—33, lat. $= ^2/_5$ longitudinis, striae $18^3/_5$ in $^1/_{100}$ Lin. 41 Ex. In portu Pillawensi et in mari baltico.

Navicula Granum Avenae. N. minima, angusto-menisciformis, nodulo centrali oblongo elliptico, striis subradiantibus manifesto notatis. Long. 5 — $6^1/_4$, lat. $= ^1/_5$ longitudinis, striae 47 in $^1/_{100}$ Lin. 12 Ex. In portu Pillawensi et in mari baltico saepe reperta est. Vor 100 Jahren beschreibt der älteste preussische Mikroskopiker Johann Conrad Eichhorn, weiland Pastor der Kirchen zu St. Catharinen in Danzig, sein Haberkorn (Navicula cuspidata?) und bedauert, dass er Nichts über die Bewegungswerkzeuge des Haberkorn aussagen könne. Und was wissen wir heute von demselben? Die Antwort stimmt schlecht mit den „Riesenfortschritten der Naturwissenschaft."

Navicula Rhombulus. N. minima, rhombeo-lanceolata, apicibus obtusis, nodulo centrali oblongo-elliptico, striis subradiantibus manifesto notatis. Long. $4^1/_2 - 6^1/_4$, lat. $= ^3/_{10}$ longitudinis, striae (quarum longissimae e 5 granulis parum notatis compositae sunt) 29 in $^1/_{100}$ Lin. 10 Ex. In deposito Regimontano. Die für Nav. bohemica gegebene Riefenzahl (33) ist aus 5 Ex. gefolgert, die dem Lager von Franzensbad entnommen worden. Nav. Ovulum ist bisweilen spitzelliptisch und kann dann kaum von den stark abgerundeten Frusteln der Nav. punctulata getrennt werden. Bei beiden bilden die Perlen deutliche Längslinien. Nav. scutelloides, ebenso häufig im Pillauer Hafen und in der Ostsee als im süssen Wasser, hat einen regelmässig gerieften Rand, dessen Körner mit den unregelmässigen Querstreifen der Schale in keiner Beziehung zu stehen scheinen.

Navicula Ceres. N. minor, elliptica, linea media firma, nodulo centrali et nod. term. rotundis, magnitudine mediocribus; taenia longitudinali ad apices convergente, striis subradiantibus. Long. 12—13, lat. $= \frac{4-5}{10}$ longitudinis, striae (quarum longissimae e 4—5 granulis compositae sunt) 21 in $^1/_{100}$ Lin. 2 Ex. In mari baltico. Vicinae sunt Nav. chilensis Ehg. Amer. I II 2 et Nav. succica Ehg. Mik. XVI I 12.

Navicula Puella. N. minima, elliptica, linea media parum notata, nodulo centrali rotundo-elliptico, nod. term. vix notatis, striis manifestis subradiantibus. Long. $2^3/_4 - 5$, lat. $= ^2/_5$ longitudinis, striae (quarum longissimae e 5 granulis parum notatis sunt compositae) 39 in $^1/_{100}$ Lin. 15 Ex. In flumine Pissa prope Johannisburg, in portu Pillawensi, in mari baltico numerosae vivunt.

Auf Seite 552 des Jahrg. 1860 der Verh. der zool.-bot. Gesellschaft in Wien muss in Zeile 12 Fig. 3 statt Fig. 2 stehen; ferner müssen in der Erklärung der Abbildungen der Taf. (2) IV Fig. 2 und Fig. 3 mit einander vertauscht werden. Fig. 2 dieser Tafel stellt Nav. minutissima, Fig. 3 Nav. Seminulum dar.

Navicula Trunculus. N. minima, valvis firmis praedita, bacilliformis, media parte interdum subtumida, apicibus rotundatis, nodulo centrali et nod. term. rotundis, striis parallelis manifesto notatis. Long. 4 — 6½, lat. = ⅓ longitudinis, striae 46 in $^1/_{100}$ Lin. 12 Ex. In mari baltico.

Pinnularia cardinalis fand ich einmal im Pissa-Flusse bei Johannisburg. Ein besonders kleines Exemplar von Pinn. divergens gab der Landgraben bei Königsberg. Sie haben, wie wohl alle Pinnularien, mit Ausnahme der Canäle noch ein System feinerer Querstreifen.

Navicula alternans magnitudine et forma Naviculae dispari similis est, sed membrana conjunctiva lineis longitudinalibus caret, pinnulae transversales densiores sunt. Long 22 — 27, lat. = ¼ longitudinis, pinnulae 21½, striae 60 in $^1/_{100}$ Lin. 4 Ex.

β minor. Long. 15 — 16, pinnulae 26 in $^1/_{100}$ Lin. 2 Ex. In aquis fluentibus et in deposito Regimontano. Nav. dispar und alternans stimmen auch darin überein, dass sie einen rhombischen Querschnitt haben wie die meisten Nitzschien.

Navicula aperta. N. ventricosa, apicibus obtusis; linea media recta pervalida, nodulo centrali rotundo magno, nod. term. rotundis parvis; area aperta in taeniam longitudinalem transeunte; pinnis undulatis subradiantibus. Long. 20 — 25, lat. = ⅖ longitudinis, lat. apicum circa ⅓ latitudinis maximae, pinnae 19½, striae tenerrimae 78 in $^1/_{100}$ Lin. 2 Ex. In mari baltico.

Navicula bipectinalis m. = Nav. borealis (?) Var. producta Grunow, mit zarten Canälen, von denen 17 auf $^1/_{100}$ Lin. gehen, während die Riefenzahl von Nav. borealis 12½ ist. Jeder Canal zerfällt durch matte Strichelchen in 12 — 14 Abtheilungen. Ich fand 4 Ex. bei Königsberg.

Navicula candida. N. minor, rhomboidea, apicibus obtusissimis, linea media parum notata, nodulo centrali elliptico, nod. term. rotundis, pinnulis firmis media in parte frustulae candidis subradiantibus. Long. 6½ — 10½, lat. = ⅓ longitudinis, lat. apicum = ⅗ latitudinis maximae; pinnulae (quarum longissimae e tribus granulis compositae sunt) 18 in $^1/_{100}$ Lin. 4 Ex. In portu Pillawensi. Vicinae sunt Nav. borealis et Nav. bipectinalis.

Nav. fuscata. N. bacillaris, apicibus contractis plus minusve prominentibus, interdum subcapitatis; linea media recta valida, in nodulo centrali rotundo vel subquadrato pervalida; nod. term. perpusillis, area lata et longa, striis punctatis radiantibus. Frustula siccata est fusca. Long. 13 — 22, lat. = ⅖ longitudinis, lat. apicum circa ¼ latitudinis maximae; striae 39 in $^1/_{100}$ Lin. 7 Ex. In mari baltico. Similes sunt Nav. Amphisbaena β. Sm. et Nav. Placenta Ehg. Mik. XXXIII X 23. Trotz der grossen Area sieht man bisweilen deutliche, parallele, der Mittellinie nahe Begleitlinien. Wahrscheinlich ziehen sich die Querriefen — mit viel schwächerer Intensität — bis an dieselben heran. Wenigstens habe ich dies Verhältniss einmal bei Nav. Amphisbaena deutlich verfolgt.

Nav. biglobosa N. angusto-lanceolata, apicibus obtusis globosis, linea media recta medio modo notata, nodulo centrali oblongo-elliptico non terminato, nod. term. rotundatis, pinnulis brevibus subradiantibus. Long. 23 — 29, lat. = ⅛ longitudinis, lat. apicum = ⅔ latitudinis maximae; pinnulae 21, striae 84 in $^1/_{100}$ Lin. 11 Ex. In fossis prope Regimontium et Sensburg in Masovia. Lat. secundarium interdum est trigibbulum. Ab altera parte Pinn. globiceps Greg. (v. Alg. p. 195), ab altera Pinn. nodosa Ehg. vicina esse videtur.

Pinnularia Cyprinus Ehg. ist nach Ehrenberg eine Süsswasserform; sie wurde, wenn meine Deutung richtig ist, von mir einmal im Königsberger Lager gefunden.

Navicula Granum m. = Nav. laevissima (Ktz.) Grunow Wien 1860 S. 549 II 5. N. laevissima Ktz. ist wohl eine nicht erkannte N. Bacillum Ehg., deren starke Riefen bisweilen einen Quernabel zu bilden scheinen, den Kützing (Bac. Taf. XXI Fig. 14) andeutet.

Navicula subrotunda. N. minima, tumida, apicibus contractis parum prominentibus rotundatis, umbilico subrotundo, striis radiantibus manifestis. Long. $3^{1}/_{2}-5$, lat. $= {}^{2}/_{3}-{}^{3}/_{4}$ longitudinis, striae (e 4 granulis compositae) 32 in $^{1}/_{100}$ Lin. 11 Ex. In flumine Pissa prope Johannisburg in Masovia.

β) subquadrata. Lateribus compressis. Long $4-4^{1}/_{2}$, striae 38 in $^{1}/_{100}$ Lin. Eodem loco. Sie scheint in jene überzugehen.

Die von mir als Nav. Crabro aufgeführte Species stimmt in Gestalt und Structur mit Diploneis Crabro Ehg. überein, hat aber feinere Querstreifen — ein Umstand, der vielleicht von dem verschiedenen Salzgehalt der Meere, vielleicht auch von ihrer verschiedenen Temperatur abhängig ist. Die von Grunow als N. Crabro gegebene Form ist nicht Diploneis Crabro Ehg., da bei dieser die Riefen keine Unterbrechung zeigen, die von den Meistern der Beobachtungskunst, Ehrenberg und Smith, sicher nicht übersehen worden ist.

Navicula trigibbula. N. minor, bacillaris, tribus marginum lateralium undulis interdum vix notatis, apicibus productis subcapitatis, umbilico magno rotundo vel in latera distento, striis manifestis subparallelis. Long. $10-13$, lat. $= {}^{3}/_{10}$ longitudinis, lat. apicum $= {}^{1}/_{5}$ latitudinis maximae; striae (tria grana continentes) 26 in $^{1}/_{100}$ Lin. 8 Ex. In aqua fluente et stagnante prope Regimontium. Vicinae sunt Nav. nivalis Ehg. Mik. XXXV B. II 5, Nav. undosa Ehg. Mik. XXXIX II 90.

Navicula distenta. N. bacillaris, media parte quasi distenta, apicibus obtusis, umbilico elliptico, striis radiantibus manifestis. Long. 13, lat. $= {}^{1}/_{4}$ longitudinis, striae (circa 5 grana continentes) 24 in $^{1}/_{100}$ Lin. 1 Ex. In aqua fluente prope Regimontium. Sieben hierher gehörige Frusteln, die ich auf den Carpathen in 4000 Fuss Höhe gesammelt, zeigen meistens zwischen der Mitte und jedem Ende noch eine geringe Anschwellung. Länge $16-23$, Breite $= {}^{1}/_{5}$ der Länge, Riefenzahl 27.

Von Perizonium Braunii habe ich drei Nebenseiten und eine Hauptseite gesehen. Die senkrecht gegen die Achse gerichteten breiten dunkeln Zonen gehen auf der Hauptseite ganz durch, auf der Nebenseite werden sie vom Längsbande unterbrochen, gegen die Enden hin werden sie schwächer und verschwinden. Die bei schiefer Beleuchtung deutlich hervortretenden feinen Querlinien sind gerade, die Längslinien wellenförmig. Auf $^{1}/_{100}$ einer Par. Lin. gehen durchschnittlich 11 Zonen, 41 Querriefen, 38 Längslinien. Alle 4 Frusteln wurden im September 1866 dem Landgraben bei Königsberg entnommen.

Auch bei einer Form, die ich von Nav. gibberula nicht unterscheiden kann, habe ich derartige sehr deutliche Zonen gesehen und zwar $16^{2}/_{3}$ auf $^{1}/_{100}$ Lin., während die mittlere Riefenzahl der 6 in diesem Zustande gefundenen Frusteln 40 beträgt. Dieser Zustand hat Nichts mit dem gemein, in welchem scheinbar je 2 Riefen zu einem gröberen Streifen zusammentreten (z. B. bei Nav. Amphisbaena α und β Sm.). Endlich fand ich noch bei einer Nav. stauroptera β. parva sehr deutliche ebenfalls senkrecht gegen die Achse gerichtete Zonen und zwar $10^{1}/_{2}$ auf $^{1}/_{100}$ Lin., während die Canäle (zufällig etwa in doppelter Zahl, nämlich 22 auf $^1/_{100}$ Lin.) sehr stark geneigt sind. Nav. gibberula und Nav. stauroptera sind somit von mir im Zustande des Perizoniums angetroffen worden.

Sollten auch die „echten Perizonien" Formen sein, die sich in einer eigenthümlichen Entwickelungsphase befinden? Wenigstens erinnert die eine Nebenseite an Navicula limosa Var. bicuneata, die zweite an Nav. Trabecula, die dritte an Nav. limosa Var. truncata. Das Genus Perizonium wäre dann durch einen Perizonal-Zustand ersetzt.

Von den schiefstreifigen Pleurosigma-Arten habe ich Pl. intermedium dreimal, Pl. Nubecula nur einmal gesehen und durchmessen. Die übrigen oben gegebenen Riefenzahlen gründen sich auf je 10 — 12 Messungen. Zu Pl. strigosum habe ich eine Form gezogen, die spitzer ist als die von Smith gegebene Abbildung. Die schiefen Linien sind sehr kräftig, auch die Querstreifen, deren Riefenzahl 42 beträgt, recht deutlich. An jeder Seite der Mittellinie und am Rande treten gröbere Körner auf, von denen 21 $= \frac{21}{1}$ auf $^1/_{100}$ einer Linie gehen. In einem von Smith und Beck ausgegebenen Präparate finde ich die oben beschriebene als Pl. strigosum bezeichnet.

Neu ist vielleicht das im Pillauer Hafen nicht selten auftretende

Pleurosigma candidum. Pl. latum, subrectum, apicibus acutis curvatis praeditum, in latere externo apicum plerumque sinuatum, nodulo centrali parvo, striis transv. et obliq. tenerrimis. Long. 30 — 44, lat. circa $^1/_6$ longitudinis, striae 45 in $^1/_{100}$ Lin. 12 Ex. Die Streifen sind bei ihm noch schwerer zu sehen als bei Pl. delicatulum.

Bei Pl. Kützingii habe ich, obwohl 11 Frusteln genauer untersucht worden, die Längslinien nie mit Sicherheit bestimmen können, gebe indess in der Tabelle das Mittel meiner Messungen. Pl. pumilum m., von Grunow zu acuminatum (Ktz.) gezogen, scheint mir eine besondere Art zu sein, da ihre schwer bestimmbaren Riefenzahlen von jenen, die sehr leicht bestimmbar sind, stark abweichen.

Pleurosigma bistriatum. Pl. parum sigmoideum, linea media recta apices versus curvata, striis longitudinalibus in utraque parte 4 praevalentibus. Long. 28 — 52, lat. $= ^1/_9$ longitudinis, striae 26 in $^1/_{100}$ Lin. 10 Ex. In mari baltico. Diese Art muss wohl viel Schleim absondern, da die meisten der hierher gehörigen Frusteln, auch wenn sie in verschiedenen Säuren gekocht worden, mit fremden Körnern belegt sind. Jederseits hat sie 4 stärkere Längslinien. Wird die Frustel schief beleuchtet, so treten zwischen jenen Längsstreifen noch andere Streifen auf und alle haben dasselbe gleichförmige Gepräge.

Stauroneis dilatata Ehg., die sich durch ihre parallelen Seitenränder von St. dilatata Sm. unterscheidet, findet sich im Königsberger und Domblitter Lager, nicht selten auch im Pillauer Hafen und in der Ostsee; sie lebt auch auf den Carpathen. Ihre Riefen neigen sich in der Nähe der Enden bis etwa 72 Grad gegen die Mittellinie. Bei der ihr nahe stehenden, aber gröber gerieften St. erythraea Grunow neigen sich die Riefen bis 45 Grad. Zu Staur. exilis Ktz. ziehe ich ein sehr kleines Exemplar, das der Pissafluss bei Johannisburg gab.

Stauroneis nobilis. St. major, rhombea, apicibus productis contractis obtusis, lineis comitantibus firmis, lineis marginalibus non striatis, nodulo centrali cruciformi, striis transversalibus manifestis, striis obliquis parum notatis. Long. 46 — 51, lat. $= ^1/_9 — ^1/_4$ longitudinis, striae transversales 31, striae obliquae 22 in $^1/_{100}$ Lin. Frustulae quinque in canaliculo fluente (Landgraben) prope Regimontium Aug. 1866 sunt repertae. Diese Art unter-

8*

scheidet sich von den mir bekannten Stauroneis-Arten namentlich dadurch, dass der Nabel die Form eines Kreuzes hat, bei dem der in der Längsachse liegende Streifen stets etwas kürzer ist als der Querstreifen. Besonders hervorstechend ist bei dieser Species ausserdem noch, dass die Punkte der Querriefen mit einander alterniren, woher die schiefen Streifen entstehen, die gegen die Querriefen um 45 Grad geneigt sind.

Von Biddulphia turgida habe ich nur 4 Fragmente in der Ostsee gefunden. Die Formen, die ich als Odontella polymorpha und Zygoceros Balaena aufgeführt habe, sind wahrscheinlich zusammen zu ziehen. Zu Odontella habe ich die in der Hauptseite der Kützing'schen Abbildung entsprechenden Frusteln gezogen, welche einen kreisförmigen Querschnitt haben; zu Zygoceros die elliptischen, deren Riefengewebe treu der Zeichnung gleicht, die Ehrenberg in seiner Mikrogeologie giebt. Von jener Form habe ich 33, von dieser 12 Frusteln durchmessen. Beide haben auf dem dem Kieselbande benachbarten Rande der Schale eine Reihe gröberer Punkte, von denen kurze grobe Querriefen auslaufen. Ihre Zahl ist halb so gross als die der feineren Querriefen. Das Kieselband zeigt bei beiden Formen nicht selten grosse, etwa halbkreisförmige Blätter, die sich durch Druck ablösen lassen.

Ebenso häufig ist Chaetoceros boreale, das gewöhnlich 4 mit wenig abstehenden Stacheln besetzte starke Borsten hat, deren Länge 0,100 — 0,128 Lin. beträgt, bisweilen indess nur zwei diagonal einander gegenüberstehende. Auf der elliptischen Nebenseite sieht man am Rande deutliche Riefen (42 auf $^1/_{100}$ Lin.), die sich auch auf den Borsten zeigen. Ausserdem habe ich öfters noch sehr zarte Querriefen (63 auf $^1/_{100}$ Lin.) gesehen, durch welche die Nebenseite überzogen wird. Noch habe ich eine Frustel gefunden, die zu dieser Gattung, aber zu einer anderen Art gehört.

Chaetoceros bisectaceum. Latus secundarium dorso tumidum, ventre concavum, apicibus subaequalibus rotundatis. Ab altera parte frustulae exeunt duae setae laeves in apicibus curvatae rotundatae. Long. frustulae 19, long. setarum 90, striae marginales 17, perviae 44 in $^1/_{100}$ Lin. In mari baltico. Die Enden der Borsten erinnern an die Brennhaare von Urtica urens. Sollten die Borsten, in denen ein innerer Canal sichtbar ist, auch dieselbe Eigenschaft haben?

Die Gattung Cyclotella scheint im Meere durch Discoplea vertreten zu werden, deren Arten bisher wohl nur von Ehrenberg genauer durcharbeitet worden sind. Von den in der Tabelle gegebenen Zahlen bezieht sich die erste auf den kreisförmigen Rand der Nebenseite. Ist derselbe glatt, so bezeichne ich diesen Zustand mit 0. Die folgenden Zahlen beziehen sich auf die mehr und mehr dem Centrum sich nähernden Kreise. So z. B. bedeuten die bei Discoplea umbilicata gegebenen Zahlen 25, 50, 26, dass auf $^1/_{100}$ einer Linie der Rand 25, der darauf folgende Kreis 50, der kleine Discus 26 Riefen hat. Doch fand ich auch eine Frustel, bei welcher der an der Innenseite des Randes gelegene Kreis eben so viel Riefen zeigte als der Rand selbst.

Discoplea annulata. Latus secundarium quattuor annulis punctatis et disculo minuto ornatum. Diam. 7 — 10. 10 Ex. In mari baltico. Die 4 Ringe zeigen durchschnittlich 43, 33, 20 und 16 kurze Riefen auf $^1/_{100}$ Lin.

Discoplea atlantica, Scheibe glatt;
do. atmosphaerica, Scheibe strahlig-punktirt;
do. sinensis, Scheibe unregelmässig feinpunktirt;
do. sinensis α., Scheibe unregelmässig grobpunktirt.

Bei allen 4 Arten scheint der Discus gesenkt zu sein wie der Boden eines flachen Tellers; bei den 3 letzten steht öfters am Anfange etwa eines jeden dritten Streifens ein grösseres helleres Korn (Zelle). Um die beiden letzten von einander zu scheiden, habe ich annähernd zu bestimmen gesucht, wie viel Punkte des Discus auf $^1/_{100}$ einer Linie gehen, und gebe auch diese Zahlen in der Tabelle. Dasselbe Verfahren habe ich auch bei anderen runden Formen angewandt, deren Punkte auf der Scheibe unregelmässig vertheilt sind.

Zu Discoplea undulata habe ich eine häufig auftretende, braune, feinpunktirte Form gezogen, die einen meistens unregelmässigen, öfters wellenförmigen Rand hat, der nur selten annähernd gleiche Biegungen zeigt.

Hätte Discoplea graeca nicht schon von Ehrenberg einen Namen bekommen, so würde ich sie Proteus nennen, einmal wegen der verschiedenen Gestalten, in denen sie auftritt, die doch wieder ein Characteristicum gemein haben, so dass man sie von einander nicht trennen kann; dann aber weil sie in trockenem geglühtem Zustande eine ganz andere Facies zeigen als in canadischem Balsam. Dies Characteristicum ist ein aus kurzen starken Riefen bestehender Kranz (Corona), durch den ein grösserer oder kleinerer Discus eingeschlossen wird. Derselbe ist indess in trocknem Zustande fast nie zu sehen, sehr grell dagegen im Balsam, aber auch nur bei schiefer Beleuchtung. Bei gerade durchgehendem Lichte sieht man auf diesem Kreise grobe unregelmässige Körner, die bei schief wirkendem Lichte sofort verschwinden. Ferner irisiren alle Varietäten (bei 200—450 facher Vergrösserung) im Balsam; der Rand erscheint blau, das Centrum intensiv gelb, namentlich wenn man das Mikroskop gesenkt hat. Sie zeigen auch in trocknem Zustande schwach markirte Irisfarben. Bei der Grundform D. graeca Ehg. ist nur die Corona mit groben Körnern bedeckt; bei der Varietät holostica Ehg. die Corona und die Fläche des inneren kleinen Kreises; im Rande stecken Körner, die nicht ganz regelmässig vertheilt sind. Bei der Var. semiocellata m. zeigen sich innerhalb des Randes halbkreisförmige Flecken oder Körperchen; bei der Var. baculifera m. haben dieselben die Form von kurzen Stäbchen.

Discoplea margaritifera nenne ich eine Form, die nicht weit vom schwach grieften Rande einen Perlenkreis trägt, der indess bei trocknen Frusteln bisweilen vollständig unsichtbar ist. Da das Scheibchen ausserdem noch mit strahligen Riefen überzogen ist, so sieht dann die Frustel aus wie die eines kleinen Coscinodiscus. Bringt man sie in Balsam, so tritt der Perlenkreis deutlich hervor; er ist aber mit einer scharf markirten unregelmässigen Linie umzogen. Auch hier irisirt der äussere Ring blau, das Innere gelb. 6 Ex. Sie ist ähnlich einer der Formen, die Ehrenberg D. comta nennt. S. Mik. XXXVIII A I A 3, III B 1. Bei Disc. bipunctata m. sind Rand und Discus zart grieft. Im Innern zeigen sich zwei Ocelli, die — wenn die Frustel trocken ist — mit einer 8förmigen Curve umzogen sind. Im Balsam irisiren die Ocelli in intensiv gelber Farbe. 5 Ex. Disc. comta Ehg. Mik. XXXVIII A XII 1, 2, 3 hat einen schmalen stark grieften Rand und eine scheinbar glatte Scheibe, auf der man indess bei genauer Beobachtung schwach markirte grobe Körner findet.

Bei Mastogonia Actinoptychus gehen die Riefen des einen Randes über das Kieselband fort in die Riefen des anderen Randes über.

Der Formenkreis, dem Ehrenberg den Namen Coscinodiscus radiatus gegeben, muss in einzelne Gruppen zerlegt werden. Mit Kützing und Smith nenne ich nur diejenige Form C. radiatus, welche deutlich eckige Zellen hat, die nach der Mitte hin grösser werden. Bei der einzigen Frustel der Art, die ich beobachtet habe, gehen am Rande etwa 15, in der Mitte etwa 12 solcher Zellen auf $^1/_{100}$ Lin., was in der Tabelle mit 15—12 bezeichnet worden ist. Die entsprechende rundzellige Form mag den Namen C. vicinus erhalten. Auch sie habe ich nur einmal in der Ostsee gefunden; sie hat innerhalb des Randes feine kurze Riefen 33 auf $^1/_{100}$ Lin. Sehr häufig dagegen ist:

Coscinodiscus vulgaris m. Latus secundarium mediocri modo convexum, cellulis magnitudine aequis rotundis, polo plerumque iisdem cellulis, interdum cellulis majoribus tecto, rarius cellulis partim carente. Diam. 27—54, striae $15^3/_5$ in $^1/_{100}$ Lin. 40 Ex. Senkt man das Mikroskop, so wird jede Zelle rhombisch und zerfällt in 4 kleinere Zellen. Hierher gehörenCosc. radiatus Ehg. Mik. XXXV A XVII 6 und Cosc. perforatus Ehg. Mik. XVIII 46; vielleicht Cosc. intermedius Ehg. Mik. XXXIII XIII 3 und Cosc. radiolatus Ehg. Mik. XXXIX III 19.

Coscinodiscus fallax nenne ich einen Cosc., den ich nur einmal in der Ostsee gefunden habe. Beobachtet man ihn in trocknem Zustande, so zeigt er grössere glänzende, in Strahlen und Spiralen geordnete runde Zellen, zwischen denen kleine matte runde Zellen stehen. Bei sehr starken Vergrösserungen zerfällt jede dieser kleineren Zellen in 2; eben solche zeigen sich auch in den so entstandenen Lücken. Das Gewebe ist wieder vollständig regelmässig, nur ist — sowohl in den radialen als in den schiefen Reihen — jede dritte Zelle merklich grösser als die andere. Bringt man die Frustel in Balsam, so sind alle kleinen Zellen verschwunden. Bei etwas gehobenem Mikroskop sieht man nur grosse runde Zellen; bei scharfer Einstellung desselben erscheinen sie als deutliche Sechsecke, aus denen runde Buckel hervortreten; nur bei sehr günstiger (fast senkrechter) Beleuchtung treten auch kleinere Zellen auf und zwar je eine an jeder Ecke einer grossen Zelle. Durchmesser 0,034 Lin., Zellenreihen 10 oder 20 oder 30 auf $^1/_{100}$ Lin. Hierher gehört wohl Cosc. radiatus Ehg. Mik. XIX 1, XXI 1, wenn die Frusteln bei Entwurf der Zeichnung im Balsam gelegen.

Der eben beschriebene Cosc. muss mit einem ähnlichen, dem ich den Namen Coscinodiscus varius gegeben, nicht verwechselt werden. Er zeigt in trockenem geglühtem Zustande bei gehobenem Mikroskope nur grosse runde Zellen. Senkt man das Mikroskop, so schieben sich zwischen je 2 grossen Zellen kleine runde Zellen ein. Bei noch tieferer Senkung zerfällt jede grosse Zelle in 3, von denen 2 in der Richtung der Radii liegen, während die Dritte mit ihnen ein gleichseitiges Dreieck bildet, dessen zwei Seiten die Richtungen der Spirallinien haben. Bisweilen erscheinen alle Zellen gleich gross und gleich hell. Sie bilden dann — in Folge einer eigenthümlichen scheinbaren Verschiebung der kleinen Zellen — die Ecken regelmässiger dunkler Sechsecke. Im Balsam sieht man nur grosse runde Zellen, die indess bei gesenktem Mikroskope dreieckig und dreitheilig werden; selten auch Andeutungen von kleinen Zellen. Durchmesser 27—44, $13^1/_2$ Reihen grober Zellen auf $^1/_{100}$ Lin. 5 Ex. In der Ostsee.

Cosc. excentricus Ehg. ist in der Ostsee bei Pillau überaus häufig. Als Var. marginalis habe ich eine Form abgetrennt, bei der der Rand ziemlich regelmässige Perlen enthält.

Coscinodiscus minutus Ktz. wird von Kützing mit folgenden Worten beschrieben: C. margine radiato-punctato, disco laeviusculo. Diam. $^1/_{180}$'''. Im Elbschlamme bei Cuxhaven. Ich finde in der Ostsee zwei sehr kleine Coscinodisci, die ich resp. 10 und 14 mal durchmessen habe. Der eine hat einen glatten Rand, aber innerhalb desselben von ihm ausgehende zahnartige kurze Riefen ($13^1/_2$ auf $^1/_{100}$ Lin.), die Scheibe mit sehr schwachen Punktreihen bedeckt, von denen 32 auf $^1/_{100}$ Linie gehen. Durchmesser 4—12. Diesen halte ich für Cosc. minutus Ktz. Bei einem noch kleineren, dessen Durchmesser nur $2^1/_2$—6 beträgt, ist der Rand einer Perlschnur vergleichbar; von jeder Perle (23 auf $^1/_{100}$ Lin.) geht eine kurze Randriefe nach dem Discus, der mit einzelnen groben Körnern belegt ist, unter denen kein feineres Riefensystem auftritt. Ihn nenne ich Coscinodiscus minimus. Er lebt auch im Pillauer Hafen.

Bei Stephanodiscus Niagarae und St. sinensis liegen die Randstäbchen in der verlängerten Mantelfläche des Cylinders, stehen also aufrecht, wenn die Frustel eine Kreisscheibe dem Beobachter zugekehrt hat; doch zeigen sie bisweilen auch geringe Neigung nach der Aussenseite. Jener, den ich nur einmal gefunden, hat einen körnigen Discus; bei diesem, den ich fünfmal gesehen, gehen die strahligen Riefen bis nach der Mitte. Bei jenem steht an jedem zweiten oder dritten Strahle ein Stäbchen; bei diesem trägt der Anfang jedes zweiten Strahles ein solches Stäbchen.

Stephanodiscus balticus. Margo cellulis decoratus, quarum quaeque spinam in planitie disci sitam fert; annulus teuerrime striatus, discus striis manifestis radiantibus tectus. Diam. 7; cellulae marginales et spinae 20, striae annuli 40, striae disci 20 in $^1/_{100}$ Lin. 2 Ex. In mari baltico.

St.? lineatus Ehg. ist der Vermittler zwischen Stephanodiscus und Coscinodiscus. Der Rand trägt regelmässig geordnete Perlen, aus denen kurze Spitzen hervorragen; die Scheibe gleicht der eines nicht ganz regelmässigen Cosc. lineatus.

Die Coscinodiscus-artigen Formen, deren Discus durch Streifen (radii), die vom Centrum (Pol) nach dem Rande verlaufen, in annähernd gleiche Sectoren zerfällt wird, zählt Ehrenberg zu den Gattungen Actinoptychus und Actinocyclus; zu Actinoptychus, wenn die Felder abwechselnd gehoben und gesenkt (bei schiefer Beleuchtung hell und dunkel) sind, was natürlich nur bei einer geraden Anzahl von Feldern möglich ist; zu Actinocyclus, wenn die Felder gleich hoch stehen. Ich füge noch zu, dass bei der zuletzt genannten Gattung jeder Radius auch eine bei verschiedenen Formen verschiedene Randzeichnung führt, für die ich den unverfänglichen Namen Imago vorschlage. — Einige verwandte Guttungen übergehe ich hier, da ich sie in der Ostsee nicht gefunden habe.

Als Ehrenberg die ersten zu diesem Kreise gehörigen Frusteln beobachtete, schien es naturgemäss zu sein, die fünfstrahligen, die sechsstrahligen, die siebenstrahligen u. s. w. als verschiedene Arten zu bezeichnen. Jetzt, da uns die Mikrogeologie vorliegt, da W. Smith, C. Janisch und andere Naturforscher uns ihre Beobachtungen mitgetheilt haben, stellt sich heraus, dass die Zahl der Radii und Sectoren — fast ohne Ausnahme — ein ganz untergeordnetes Element ist, ebenso untergeordnet wie die absolute Zahl der Rippen von Campylodiscus und der Canäle von Pinnularia. Um dies nachzuweisen führe ich folgenden Einzelfall an, an den ich später mehrere reihen werde. Ehrenberg findet in der Wassertrübung des Ganges zwei dosenförmige Körperchen, die er als Seeformen bezeichnet, die eine mit 4, die andere mit 10 Randflecken. Da er keine Strahlen und Sectoren an ihnen bemerkt, bildet er eine neue Gattung Perithyra mit den Arten P. quaternaria und P. denaria. Dieselben dosenförmigen Körperchen habe ich in der Ostsee gefunden und zwar mit

4 5 6 7 8 9 10 11 12 13 14 15 16 18 20 21 22 24 25 30

derartigen Randzeichnungen. Die einzelnen Frusteln sind nur in der Grösse verschieden, in allen übrigen Merkmalen einander gleich. Noch hebe ich hervor, dass der gegenseitige Abstand der Randzeichnungen in allen Frusteln, grossen und kleinen, annähernd derselbe ist, dass sich also die Randzeichnungen hierin ebenso verhalten, wie die Randpunkte bei Cymatopleura, Nitzschia und anderen Diatomeen-Gruppen. Ich halte daher die Form dieser Randzeichnungen für das Wesentliche, ihre Zahl für unwesentlich und betrachte alle Individuen, die dieselben Bildchen zeigen, als zu einem Formenkreise, zu einer Species gehörig. Bei geringerer Vergrösserung erscheint das Randbildchen der oben erwähnten Species als Halbkreis, bei starken Vergrösserungen bekommt es die Form eines Ankers, dessen beide Zähne angeschwollen und abgerundet sind. Wird ferner die Schale bei verschiedener Beleuchtung, theils trocken theils im Balsam liegend, untersucht, so sieht man, dass von dem Pole nach jedem Anker ein Strahl fortläuft. Ich nenne diese Art Actinocyclus ancorifer.

In diesem Sinne nun habe ich die mir zugängliche Literatur durchgesehen und bin zu dem Resultate gekommen, dass alle bisher gebildeten „Arten" von Actinoptychus und Actinocyclus sich auf wenige reduciren lassen und dass die Gattung Perithyra einzuziehen sei. Wenigstens habe ich bei allen 4 Formen-Gruppen, die ich anfänglich dahin zog, später die Radii erkannt.

Zu Actinoptychus gehörig finde ich folgende 4 Arten:

1) **Actinoptychus excellens** m. Margo striatus, radii bilineares, sectores 2 — 3, umbilicus hexagonus, cellulae rotundo-hexagonae permagnae. Diam. 35, striae marginales 7, striae disci $3^1/_2$ in $^1/_{100}$ Lin. Mik. XVIII 21. A. senarius Ehg. Virginien, fossil.

2) **Actinoptychus undulatus** Ehg. Margo substriatus, radii bilineares, sectores 2. 3, umbilicus hexagonus, cellulae rotundo-hexagonae magnae. Diam. 22—52, striae marginales 8, striae disci 8 in $^1/_{100}$ Lin. Mik. XVIII 20, XXII 17; Syn. V 43; Breslau 1862 I B 4, II A 9. In allen salzreichen Meeren.

3) **Actinoptychus vulgaris** m. Margo laevis, radii bilineares, sectores 2. 3 — 2. 12, umbilicus plus minusve notatus, cellulae rotundae. Diam. 10—59, striae disci 10 in $^1/_{100}$ Lin. Mik. XVIII 22—30; XXXIII XIII 1, 1*; XV 3, 4, 5; XXXV A XVII 4; Breslau I A 8, 11, 23; I B 13, 15; II B 15. Ebendaselbst.

4) **Actinoptychus gracilis** m. Margo tenerrime striatus, annulus augustissimus ocellis manifestis decoratus et striatus, radii e cellulis compositi non praevalentes; sectores, si frustula luce obliqua illustratur, sex candidi, sex obumbrati; polus cellulis, interdum majoribus, tectus; cellulae hexagonae. Diam. 12—36, ocelli $6^1/_2$, striae marginis et disci $29^1/_2$ in $^1/_{100}$ Lin. 21 Ex. In mari baltico.

Solche Sectoren und solche Radien, wie sie sich bei den vorher genannten Arten zeigen, existiren hier nicht. Vielmehr wird die Schale namentlich von 12 Bündeln paralleler Zellenreihen überzogen, deren mittlere nach dem Centrum gehende kein besonderes Merkmal hat. Sechs dieser Bündel ruhen auf Wellenbergen, die anderen sechs in Wellenthälern, die aber keine scharfe Grenze haben. Von den Ocellis fehlen oft einige; da ferner die untere Reihe durchscheint, so erscheint der Rand meistens unregelmässig punktirt. Im Balsam ist das zarte Gebilde kaum zu sehen.

Alle mir bekannten Arten von Actinocyclus haben etwa folgende Merkmale mit einander gemein: Rand, Ring und Scheibe sind deutlich von einander geschieden. Die an den Rand gehefteten Imagines sind nach dem Discus hin gerichtet. Sie sind bei der geglühten Frustel meistens deutlich und erscheinen als Körperchen, die auf dem Ringe liegen. Bei genauerer Untersuchung sieht man indess, dass der geriefte Ring über sie fortgeht. Sie sind somit Organe, die nach dem Innern der Kapsel vortreten. Man muss sie aber in trocknem Zustande untersuchen, da sie im Balsam unsichtbar oder fast unsichtbar sind. Auf der Grenze zwischen dem Ringe und dem Discus, zum grössten Theile auf dem Discus, ist eine hellere von Zeilen nicht bedeckte rundliche Stelle, auf die wie ich glaube zuerst Herr Janisch aufmerksam gemacht hat, der sich zu der Ansicht hinneigt, dass hier die Schale durchbrochen sei. Durch Herrn Janisch angeregt, habe ich vielfach derartige helle Stellen genauer untersucht und, wenn die Frustel günstig lag, stets etwa in der Mitte einen kleinen scharfbegrenzten Kreis gefunden, den ich als Oeffnung anspreche. Solche kleine Kreischen befinden sich aber auch über jeder von mir genauer untersuchten, gut gelegenen Imago, und zwar zwischen zwei radiirenden Randstreifen; nur sind sie wegen des urften befindlichen braunen Imago-Körpers weniger hell. Auch sie scheinen mir Oeffnungen der Schale zu sein. Ist diese Anschauung begründet, so hat jeder Actinocyclus, der n Radii, also n Imagines und Sectoren hat, auf jeder Nebenseite n+1 Oeffnungen, durch die er mit der Aussenwelt communicirt. Als Name für diese kleinen Kreischen, mögen sie Oeffnungen sein oder nicht, schlage ich eine vox media vor, nämlich Fenestrella und zwar für das einzelne Kreischen Fenestrella disci, für die am Rande befindlichen Fenestrellae marginales. Die am Rande des Discus gelegene helle Stelle mag Areola disci heissen. Ihr Durchmesser beträgt etwa 6 — 12, der Durchmesser des in ihm befindlichen Fensterchens $1\frac{1}{2}-3$, der Durchmesser der Randfensterchen $1-2$ Zehntausendtheile einer Linie.

Senkt man bei starken Vergrösserungen das Mikroskop, so bemerkt man ferner, dass jede auf dem Discus gelegene Zelle in 4 Quadranten zerfällt, dass sie aus 4 kleineren Zellen zusammengesetzt ist. Der in der Mitte jeder grösseren Zelle auftretende schwarze Punkt ist wohl dadurch bedingt, dass gerade hier 4 Zellenwände zusammentreten. Hiermit im Zusammenhange steht die Beobachtung, dass die Zahl der radiirenden Riefen genau doppelt so gross ist als die Zahl der Scheibenriefen. Senkt man das Mikroskop, so sieht man, dass die vom Rande ausgehenden Strahlen die ganze Scheibe überziehen; hebt man das Mikroskop, so werden die viereckigen und viertheiligen Zellen des Discus wieder rund und einfach.

Verlängert man alle Radien über die Randbilder hinaus bis nach dem Rande, so wird derselbe in annähernd gleiche Stücke zerfällt. Die Zahl nun, welche angiebt, wieviel solcher Stücke auf $\frac{1}{100}$ einer Linie gehen, nenne ich Bildzahl und werde sie der Kürze wegen mit x bezeichnen. Um nun diese Zahl für irgend eine Species festzustellen, kann man entweder so verfahren, wie man bei Bestimmung der Riefenzahl zu verfahren pflegt; oder man kann auch aus dem Durchmesser der Frustel und der Zahl der Randzeichnungen oder Strahlen dieses x berechnen. Ich bin beiden Methoden gefolgt und habe, aus sehr begreiflichen Gründen, gefunden, dass die zweite viel sicherer zum Ziele führt. Nennt man d den nach Tausendtheilen einer Linie gemessenen Durchmesser der Schale, n die Zahl der Strahlen und nimmt als Annäherungswerth der Ludolfschen Zahl $^{22}/_7$, so findet man

$$x = \frac{35\ n}{11\ d}$$

Ist z. B. für den Durchmesser 19 und als Zahl der Strahlen 12 gefunden, so ist $x = \frac{420}{209} = 2{,}01$ etwa 2. Diese Zahl nun habe ich sehr häufig bestimmt und, was ich bereits oben aussprach, gefunden, dass sie für dieselbe Species nahehin constant ist. Ein Einzelfall möge vorläufig als Beleg dienen. Von den 6 zu derselben Art gehörigen Frusteln, deren Abbildungen Janisch in seiner gediegenen Abhandlung über den Guano giebt, hat die kleinste einen Durchmesser von $^{15}/_{1000}$ Lin. und 8 Strahlen, die grösste einen Durchmesser von $^{56}/_{1000}$ Lin. und 28 Strahlen. Aus jener findet man $x = 1^{7}/_{10}$, aus dieser $x = 1^{8}/_{10}$ gleich dem Mittelwerth von allen 6 Frusteln.

Hat man für die einzelne Species die (in der Tabelle angegebenen) Mittelwerthe der Bildzahlen und ebenso die der Riefenzahlen möglichst scharf bestimmt; so findet man — was mich überraschte — dass alle von mir untersuchten Species in jenen wie in diesen annähernd übereinstimmen. Bei allen gehen etwa $1^{5}/_{6}$ Randbilder, 40 Randriefen, 20 Strahlenriefen auf

$^1/_{100}$ einer Pariser Linie. Ein so gleichartiger Typus der verschiedenen Species findet sich in keinem anderen Genus der Diatomeen.

Noch füge ich hinzu, dass alle Arten von Actinocyclus bei schwächeren Vergrösserungen bis etwa $^{500}/_1$ hinauf in canadischem Balsam mehr oder weniger irisiren. Sie müssen daher noch ein Streifensystem haben, das feiner ist als dasjenige, was sie uns bis jetzt gezeigt. Nach diesem feineren Gewebe nun habe ich gesucht und glaube mit Hülfe sehr starker Vergrösserungen nicht nur auf dem von gröberen Zellen nicht bedeckten Theile des Centrums mehrerer Frusteln, sondern auch auf den Zellen selbst Streifen gesehen zu haben, von denen etwa 120—140 auf $^1/_{100}$ einer Linie gehen. Entsprechende Beobachtungen haben die Herren Janisch und Cohn bei Halionyx und Actinoptychus gemacht.

Nach diesen allgemeinen Bemerkungen gehe ich zu den einzelnen Gruppen, die ich als Species behandle, über.

1) **Actinocyclus Janischii** m. Imagines rotundae, radii simplices, cellularum series, striae interradiales lineae mediae sectoris parallelae, polus cellulis majoribus carens, cellulae rotundae vel subquadratae serierum vicinarum viceversa correspondentes; frustula in balsamo canadensi candide irisans. Diam. 9—62, imagines 5—40, circa $1^3/_5$ in $^1/_{100}$ Lin., striae marginales 36, striae disci 18 in $^1/_{100}$ Lin. Breslau 1862 I B 2, 10, 11; II A 1, 5, 8; Mik. XX I 39; XXXIII XV 2, XVI 1, 2, XVII 2; XXXV A XVIII 1, 2, 3; XXXVIII XXII 7. In der Ostsee wurden von mir nur 2 fragmentarische Frusteln gefunden.

2) **Actinocyclus Ehrenbergii** m. Imagines rotundae, radii simplices, striae interradiales lineae mediae sectoris vel alteri radio vel ambobus radiis parallelae, polus plerumque cellulis majoribus carens, cellulae serierum vicinarum plus minusve viceversa alternantes; frustula in balsamo canadensi candide irisans. Diam. 10—46, imagines 5, 7, 8, 9, 10, 11, 12, 13, 14, 15, 16, 17, 18, 19, 22, 24, 26, 28, 30, circa $1^3/_4$ in $^1/_{100}$ Lin., striae marginales 38, striae disci 19 in $^1/_{100}$ Lin. 40 Ex. In mari baltico. Hierher ziehe ich Mik. XIX 5—10; XX I 34, 35, 37, 39; XXI 7—9, 11—13, 15, 16; XXII 10, 12, 13—16; XXXV A XVI 1 2, 3. Das einzelne Fensterchen hat einen Durchmesser von etwa 3, die Randfensterchen einen Durchmesser von etwa 2 Zehntausendtheilen einer Linie.

3) **Actinocyclus semiocellatus** m. Imagines segmentis circuli similes, radii simplices praevalentes, striae interradiales lineae mediae sectoris parallelae, polus cellulis plerumque nudatus, cellulae rotundae alternantes; frustula in balsamo canadensi parum irisans. Diam. 12—15, imagines 6, 7, 8, circa $1^5/_9$ in $^1/_{100}$ Lin., striae marginales 41, striae disci $20^1/_2$ in $^1/_{100}$ Lin. 5 Ex. In mari baltico. Er ist auch in trocknem Zustande, selbst wenn man die Radii nicht bemerken sollte, von Discoplea graeca Var. semiocellata leicht zu unterscheiden, da bei ihm die Schale stärker, das Zellengewebe des Discus viel kräftiger ist. Der Durchmesser des einzelnen Fensterchens beträgt etwa 2, der der Randfensterchen etwa $1^1/_2$ Zehntausendtheile einer Linie.

4. **Actinocyclus clavifer** m. Imagines clavis tumidis similes, radii simplices mediocriter praevalentes, striae interradiales lineae mediae sectoris parallelae, polus cellulis carens, cellulae alternantes; frustula in balsamo canadensi plus minusve irisans. Diam. 8—30, imagines 4, 6, 7, 8, 10, 11, 12, 13, 17, 20, circa $1^4/_5$ in $^1/_{100}$ Lin., striae marginales 41, striae disci $20^1/_2$ in $^1/_{100}$ Lin. 19 Ex. In mari baltico. Wer diese Randbilder mit genügend vergrösserndem Mikroskope und unter geschickter Benutzung der Stellschraube und des Beleuchtungsspiegels untersucht, wird sich wohl bald davon überzeugen, dass er Körper vor sich habe. Sollte dies indess nicht gelingen, so bleibt es ihm überlassen, den Ausdruck zu brauchen,

hinter den sich zur Zeit W. Smith zurückzog, der alle derartige Zeichnungen für — „Modificationen in der Anordnung des Kiesels" hielt. Die Randfensterchen befinden sich auf den angeschwollenen Enden der Keulen.

5. **Actinocyclus ancorifer m.** Imago ad instar ancorae, cujus dentes tumidi sunt et rotundati, formata; radii simplices vix praevalentes, striae interradiales lineae sectoris mediae vel alteri radio vel ambobus radiis parallelae; polus cellulis plerumque tectus, cellulae ellipticae alternantes; frustula in balsamo canadensi parum irisans. Diam. 10—40, imagines 4—30, circa 1*/₉ in ¹/₁₀₀ Lin, striae marginales 41, striae disci 20¹/₂ in ¹/₁₀₀ Lin. 47 Ex. In mari baltico. Hebt man das Mikroskop, so tritt aus der Mitte des Bogens, der zwei birnenförmige Zähne trägt, ein Buckel hervor, der bisweilen recht stark ist, so dass der ganze Randkörper einem Dreizack gleicht, dessen Zinken abgerundet sind. Die kleinen Kreischen (Fenestrellae marginales) befinden sich auf den Ankerstielen und haben einen Durchmesser von etwa 2, die Fenestrella disci und Areola disci einen Durchmesser von 3 und 9 Zehntausendtheilen einer Linie.

6. **Actinocyclus arcuatus m.** Imago baculo duplici similis, supra quem falx angusta pendere videtur, radii simplices non praevalentes; striae interradiales partim lineae mediae sectoris, partim radiis parallelae; polus cellulis carens, cellulae ellipticae alternantes; frustula in balsamo canadensi parum irisans. Diam. 14—42, imagines 6, 8, 9, 11, 12, 13, 15, 16, 18, 20, 23, 24, 25, 26, 28, 32, circa 2 in ¹/₁₀₀ Lin., striae marginales 39, striae disci 19¹/₂ in ¹/₁₀₀ Lin. 22 Ex. In mari baltico. Die Randfensterchen liegen zwischen den beiden Stäben, der Basis nahe. Hebt man das Mikroskop, so werden die Sicheln scheinbar grösser und schieben sich nach dem Centrum der Schale eine merkliche Strecke fort.

7. **Actinocyclus cruciatus m.** Imago baculo brevissimo obtuso similis, supra quem arcus in globulos transiens pendere videtur; annulus angustus, radii duplices, polus interdum cellulis carens, cellulae rotundae vel subquadratae ita dispositae, ut simul series radiis subparallelae simul series lineae mediae sectoris parallelae existant; frustula in balsamo canadensi parum irisans. Diam. 8—11, imagines 4, circa 1²/₅ in ¹/₁₀₀ Lin.: striae marginales 40, striae disci 20 in ¹/₁₀₀ Lin. 7 Ex. In mari baltico. Nicht $=$ Act. quaternarius Ehg. Mik. XXII 10, der radii simplices hat; auch nicht $=$ Dictyopyxis cruciata Ehg. Mik. XVIII 2, XX 33, deren Schale hochgewölbt ist. Es ist bemerkenswerth, dass selbst dieser Actinocyclus, der an die Zahl 4 gebunden ist, sich der Hauptsache nach dem oben ausgesprochenen Gesetze fügt, nach welchem alle Actinocyclus-Arten etwa dieselbe Bildzahl haben. Seine Grösse schwankt daher zwischen engen Grenzen.

Dreimal ferner habe ich an den Wassern der Ostsee ein Körperchen gefunden, das zu der räthselhaften Gattung Dictyocha gehört.

Dictyocha tripartita m. D. e tribus magnis hexagonis et tribus parvis cellulis non apertis composita. Diam. 11—12, granula marginis 16, striae perviae 31 in ¹/₁₀₀ Lin. Aehnlich ist Dict. triommata Ehg. Mik. XXXIII xv 11, die indess nur 3 grosse, keine kleinen, Zellen hat, auch mit längeren Stachelfortsätzen versehen ist, die hier kaum angedeutet sind.

Endlich noch die Bemerkung, dass ich in einer der Ostsee entnommenen geglühten Probe die **Kieselschale** einer **Foraminifere** angetroffen. Es wäre mir lieb, wenn ich Gelegenheit bekäme, das wohlerhaltene Präparat einem Kenner dieser Thiergruppe zu übergeben. —

Erklärung der Abbildungen.

Die Vergrösserung aller Abbildungen, bei denen keine Vergrösserungszahl angegeben worden, ist ⁹⁰⁰/₁.

Tafel I.

1. Fragilaria acuta Ehg. Mik. I III 6.
2. — contracta Schum.
3. — biconstricta Rabh.
4. — Lancettula m.
5. — elliptica L.
6. Campylodiscus Stellula m.
7. Surirella baltica m.
8. Amphipleura danica Ktz.
9. — pellucida Ktz., aus der Ostsee.
10. Surirella longa m.
11. Tryblionella Neptuni m.
12. Nitzschia Anguillula m.
13. Cocconeis baltica m.
14. — sigmoidea m.
15. — tenera m.

16. Homoeocladia biceps m.
17. Achnanthidium neglectum m.
18. Gomphonema gracile Ehg.
    b. Var. gracillimum m.
19. Rhoicosphenia fracta Var. baltica m.
20. Cymatopleura elliptica Var. fracta m.
21. Ceratoneis lunaris (Ehg.).
    b. Var. minor m. c. Var. cuspidata m.
22. Ceratoneis Schumanni Rabh.
23. — depressa m.
24. Amphora globosa m.
25. — globulosa m.
26. Chaetoceros boreale Bail.
27. — bisetaceum m.
28. Dictyocha tripartita m.

Tafel II.

29. Navicula macromphala m.
30. — veneta Ktz.
31. — exilis Ktz.
32. — Meniscus m.
33. — Menisculus m.
34. — Lancettula m.
35. — Rhombulus m.
36. — Granum Avenae m.
37. — sambiensis m.
38. — Ceres m.
39. — Puella m.
40. — Parmula Breb.
41. — bipectinalis m.
42. — Trunculus m.
43. — fuscata m.
44. — pachycephala Rabh.?

45. Navicula a. subrotunda, b. subquadrata m.
46. — Granum m.
47. — candida m.
48. — biglobosa m.
49. — aperta m.
50. — Cyprinus Ehg.?
51. — Esoculus Schum. Kleines Ex.
52. — trigibbula m.
53. — distenta m, b. aus den Carpathen.
54. — gibba Ktz. perizonata.
55. Pinnularia stauroptera Rabh. perizonata.
56. Perizonium Braunii. a. b. c. d.
57. Pleurosigma candidum m.
58. — bistriatum m.
59. Stauroneis exilis Ktz.
60. — nobilis m.

Tafel III.

61. Discoplea umbilicata Ehg.
    a. ungewöhnliche Form.
62. — annulata m.
63. — atlantica Ehg.
64. — atmosphaerica Ehg. Var. ocellata m.
65. — sinensis Ehg. Var. ocellata m.
66. — sinensis α. Ehg. Var. ocellata m.
67. — graeca Ehg.
    b. Var. holostica Ehg.
    c. Var. semiocellata m.
    d. Var. baculifera m.
68. — margaritifera m.
69. — bipunctata m.
70. — comta Ehg.
71. Coscinodiscus minutus Ktz.
72. — minimus m.
73. Stephanodiscus balticus m.

74. Coscinodiscus vulgaris m. Einige Zellen, b. u. c. bei gesenktem Mikroskope.
75. Cosc. fallax m. Einige Zellen. a. und b. trocken; c. d. e. im Balsam.
76. Cosc. varius m. Einige Zellen bei verschiedener Stellung des Mikroskopes.
77. Stephanodiscus? lineatus Ehg.
78. Actinoptychus gracilis m.
79. Actinocyclus ancorifer m. Randstück.
80. Actin. Janischii m. Mittlerer Theil eines Sectors bei gesenktem Mikroskope.
81. Actin. semiocellatus m.
82. Actin. Ehrenbergii m. Ein Sector bei gesenktem Mikroskope.
83. Actinocyclus arcuatus m. Ein Sector.
84. — cruciatus m.
85. — clavifer m.

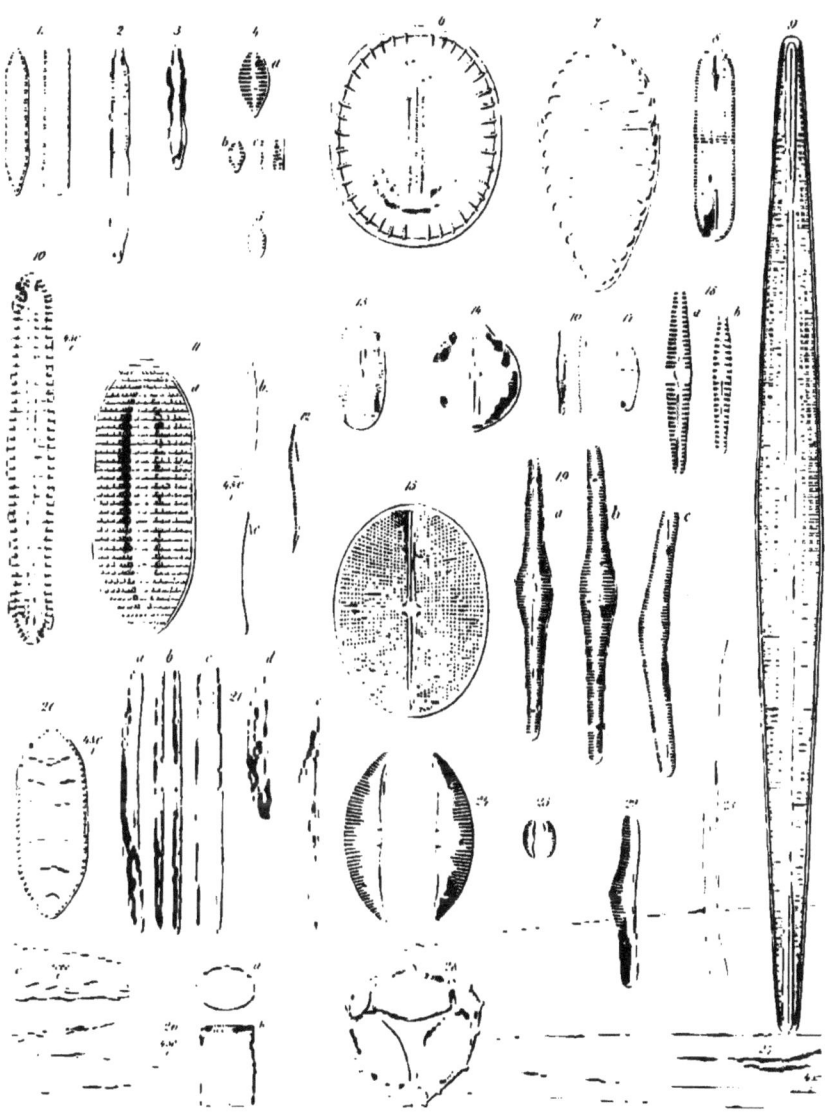

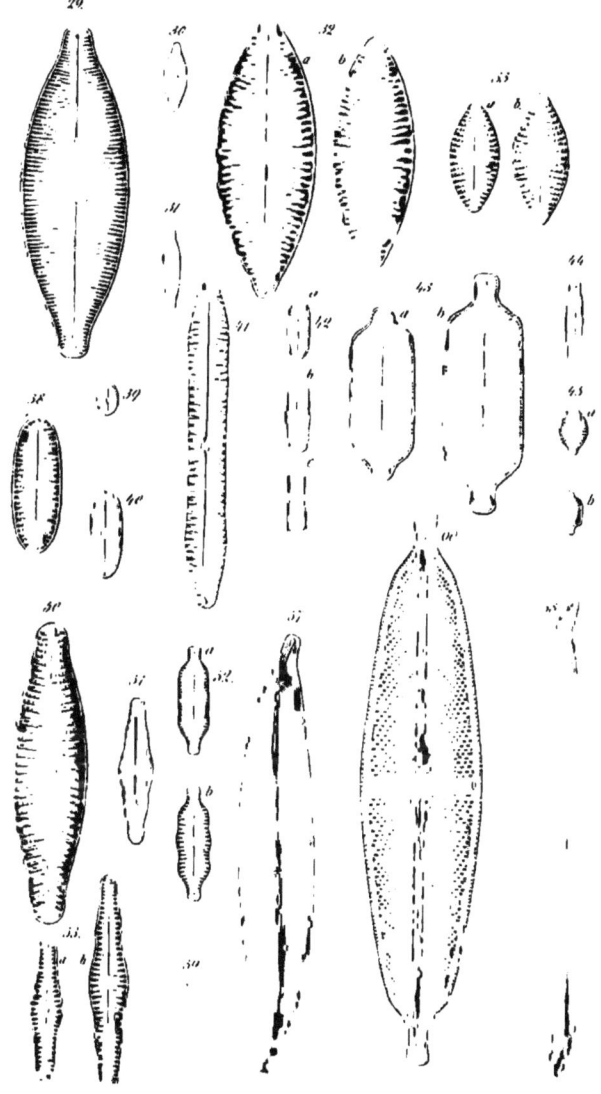

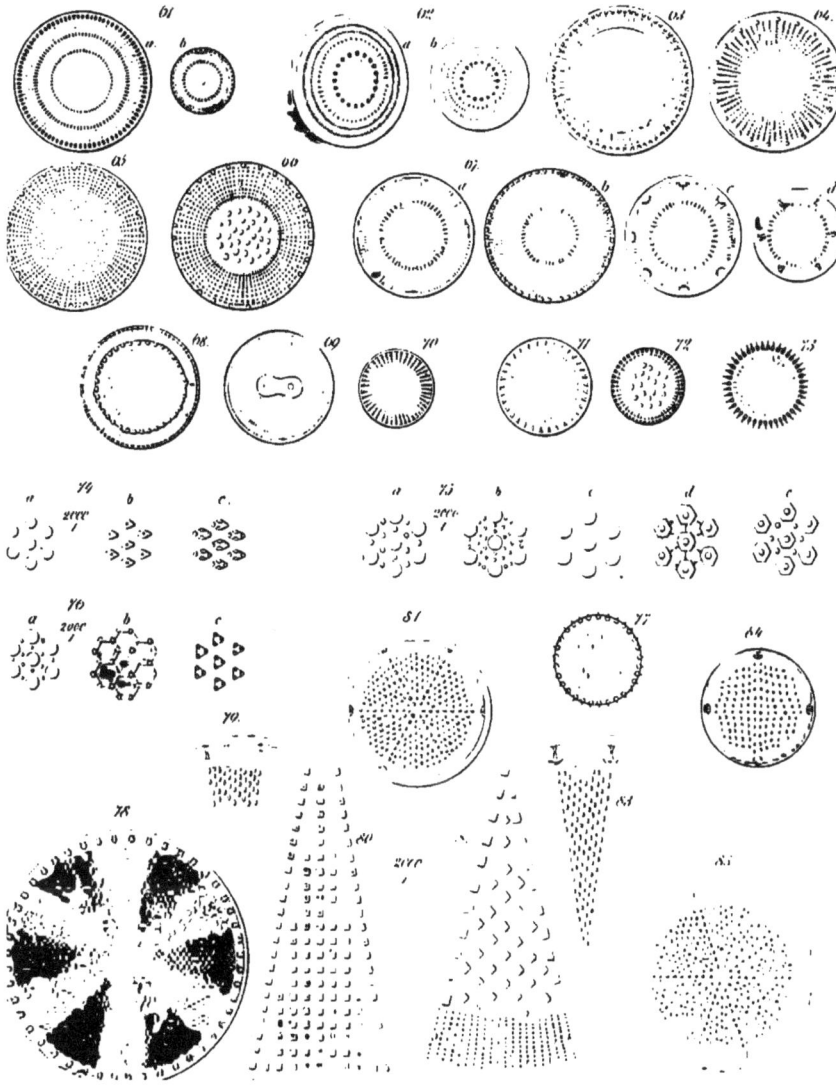

Preussische Diatomeen.

Mitgetheilt von J. Schumann.

Dritter und letzter Nachtrag. Hiezu Tafel II.

Der am 6. Juni 1868 verstorbene Oberlehrer Schumann hat der physikalisch-ökonomischen Gesellschaft ein Blatt hinterlassen, auf dem er seine bis zum 13. November 1867 fortgesetzten Beobachtungen über preussische Diatomeen verzeichnet hat. Es enthält zwar nur kurze Bemerkungen und nur theilweise ausgeführte Zeichnungen, erfüllt uns aber von Neuem mit inniger Bewunderung für den dahingeschiedenen Genossen und Freund, der auch in schwerer Krankheit und bei stets abnehmender Körperkraft mit unermüdlichem Eifer beobachtete und forschte, und dem es dadurch gelang, seine Arbeiten zu dem gewünschten Abschlusse zu bringen. Wir theilen hier den uns werthvollen Nachlass mit, indem wir noch mit einigen Worten auf die früheren Arbeiten des Verfassers, soweit sie die Diatomeen betreffen, hinweisen und seinen Bemerkungen einige Erläuterungen hinzufügen.

Obgleich Schumann während vieler Jahre fast alle Zeit, die ihm sein Amt übrig liess, dem Studium der kleinsten Lebensformen und unter diesen vorzüglich den Diatomeen widmete, hat er, abgesehen von einem Vortrage über „das Leben im Wassertropfen" (Königsberger Naturwissenschaftliche Unterhaltungen 1854) und einem Aufsatze über das Königsberger Infusorienlager (N. Preuss. Prov. Bl. 1857), erst im Jahre 1862 angefangen, seine Arbeiten über Diatomeen zu veröffentlichen. In diesem Jahre erschien in diesen Schriften (S. 166—192 mit 2 Tafeln Abbildungen) seine erste Abhandlung über preussische Diatomeen, in der er ein Verzeichniss von 288 in Preussen beobachteten Arten und 10 Varietäten gab. Diese Zahl wurde durch den ersten Nachtrag im Jahre 1864 (ebenda S. 13—23 mit 1 Tafel) auf 305 Arten und 18 Varietäten erhöht. Aber schon im Jahre 1867 gab Schumann (ebenda S. 37—68 und 3 Tafeln) ein neues Verzeichniss, welches 481 Arten und 43 Varietäten von Diatomeen als in Preussen gefunden aufführte und eine Menge werthvoller Bemerkungen über einzelne Arten enthielt. Es lieferte zugleich für jede Art zwei in mehrfacher Hinsicht wichtige Merkmale, nämlich die Länge der Schale nach Tausendtheilen einer pariser Linie gemessen, und die Riefenzahl d. h. die Zahl der feinen Querriefen der Kieselschale, welche den hundertsten Theil einer pariser Linie einnehmen. Welchen ausserordentlichen Fleiss Schumann darauf verwandte, diese letztere Grösse mit grösstmöglicher Genauigkeit zu bestimmen, das zeigt noch mehr die gleichzeitig mit dem zuletzt genannten Aufsatze erschienene umfangreiche Schrift „die Diatomeen der hohen Tatra", welche von der zoologisch-botanischen Gesellschaft in Wien 1867 herausgegeben wurde. Sie enthält die genaue Bestimmung von 205 auf verschiedenen Höhen der Karpathen gesammelten Diatomeen und sucht nachzuweisen, dass die Riefenzahl der einzelnen Arten von der Erhebung des Wohnplatzes dieser über Meereshöhe abhängig sei. Der Nachweis dieses wunderbaren Verhältnisses war nur dadurch möglich, dass die Riefenzahl sowohl für die preussischen als auch für die Gebirgs-Diatomeen mit Berücksichtigung der individuellen Schwankungen an jedem Orte und mit Rücksicht auf die möglichen Beobachtungsfehler in sehr genauen Mittelwerthen dargestellt wurde, und erforderte daher eine sehr grosse Zahl mühsamer Beobachtungen und Rechnungen. Die hier mitzutheilenden Beobachtungen, welche 20 Arten und 2 Varietäten und manche Berichtigungen dem früher gegebenen Verzeichnisse der preussischen Diatomeen hinzufügen, hat Schumann an Schlammproben, welche ihm von hier nachgeschickt wurden, in Reichenhall und Bex angestellt, wo er sich von Ostern 1867 bis Ostern 1868 aufhielt. Zugleich mit ihnen schrieb er noch eine wichtige Arbeit: „Beiträge zur Naturgeschichte der Diatomeen", die für die Verhandlungen der zoologisch-botanischen Gesellschaft in Wien bestimmt ist. Diese interessante Abhandlung zerfällt in 3 Abschnitte, von denen der erste ein wichtiges Gesetz über die Riefenzahl an der Diatomeenschale erörtert und dadurch, wie es scheint, auch einen Fingerzeig giebt zur Erklärung des oben angedeuteten auffallenden Verhältnisses. Die verschiedenen Individuen einer Art zeigen nämlich eine sehr verschiedene Grösse. Im Ganzen haben zwar die grösseren auch eine grössere Zahl Querriefen auf der Schale, aber diese stehen dann weiter von einander ab, als bei den kleineren Individuen, so dass auf eine bestimmte Länge z. B. den hundertsten Theil einer Linie bei jenen weniger Querriefen fallen als bei diesen. Schumann hat nun nach unzähligen Messungen an 5 dazu besonders ausgewählten Arten und weitläufigen Rechnungen, durch die er sich wieder möglichst sichere Mittelwerthe für die verschiedenen dabei in Betracht kommenden Grössen bildete, in einer mathematischen Formel das Gesetz darzustellen gesucht, nach dem die Riefenzahl von der Grösse der Schale abhängig ist. Der zweite Abschnitt dieser Arbeit handelt über Zonenbildung bei den Diatomeen, auf die wir zurückkommen werden, während der dritte Abschnitt untersucht, in wie weit die von Darwin aufgestellten Grundsätze über die Entstehung der Arten aus Varietäten bei den Diatomeen zutreffen. Das, was diese Untersuchungen auszeichnet und ihnen ganz eigenthümlich ist, ist die mathematische Behandlung der an Organismen gemachten Beobachtungen und der Versuch, organische Gesetze durch mathematische Formeln auszudrücken.

Die Bezeichnungen, welche Schumann in seinen früheren Aufsätzen über preussische, Diatomeen eingeführt hat, sind auch hier beibehalten. Wir bemerken daher, dass
mit S. Diat. das Werk von Rabenhorst: Die Süsswasser-Diatomaceen 1853,
mit Wien. die Aufsätze von A. Grunow über neue oder ungenügend gekannte Algen in den Verhandlungen der zoologisch-botanischen Gesellschaft 1860, 1862,
mit Bac. das Werk von Kützing: Die kieselschaligen Bacillarien 1844
bezeichnet sind, dass die mit T. bezeichnete Zahl die Länge der Frusteln in Tausendtheilen einer pariser Linie, und die mit R. bezeichnete Zahl die Zahl der Riefen, die auf den hundertsten Theil einer pariser Linie fallen, angiebt. Wenn statt der letzten Zahl 2 Zahlen stehen, bezieht sich die erste auf die gröberen, die zweite auf die feineren Riefen, und wenn die letztere Zahl genau das Doppelte der erstern ist, so ist dieses durch 2a angedeutet.

Neu für Preussen sind folgende Arten:
Surirella Craticula, (S. Diat. III. 16, Wien 1862, S. 456) 28—52 T. lang, 6,30 R. nach Beobachtungen an 3 Exemplaren. Königsberg, Schlossteich.

Cymatopleura elliptica γ. constricta Grun. (Wien 1862, S. 464, XI. 13) 44 T. lang,10½, 28 R.; Domblitten.
Nitzschia communis Schum. (Tatra-Diat. S. 14 und 59) 18—27 T. lang; 16,55½ R. nach 4 Exempl.; Königsberg am Pulverhause. Fig. 1.
Nitz. hungarica Grun. (Wien 1862, S. 568, XII. 31), 15—30 T. lang; 21½, 2 a R. nach 2 Exempl.; Königsberg am Pulverhause. Fig. 2.
Nitz. dubia Hantzsch., die 2te (Wien 1862, S. 568. β. minor, XII. 24), 21—30 T. lang; 19, 2a R. nach 2 Exempl.; Königsberg am Pulverhause. Fig. 3.
Nitz. sp. n. 34—52 T. lang; $18^6/_{11}$ Doppelpaare, $51^8/_{10}$ R. nach 11 Exempl.; Königsberg am Pulverhause. Fig. 4.
Nitz. sp. n. 19—23 T. lang; 21½ Doppelpaare, $57^3/_7$, R. nach 12 Exempl.; ebendort. Fig. 5.
Tryblionella apiculata Gregory. (Wien 1862, S. 554, XII. 30 brackisch und in warmem Wasser), 15—19 T. lang; 38 starke R. nach 17 Exempl.; ebendort. Fig. 6.
Achnanthes minutissima Ktz. (Bac. S. 75, XIV. 21. 2 — Tatra-Diat. S. 14 und 63) 3½ — 5 T. lang; $57^1/_5$ R. aus 5 Exemplaren. Neue Bleiche bei Königsberg.
Amphipleura? pumila Schum., wohl schon in Preussen beobachtet, 7—9 T. lang; 42 sehr matte Riefen nach 10 Exemplaren. Am Pulverhause bei Königsberg. Fig. 7.
Cymbella gracilis (Ehg.)! (S. Diat. VII. 12), 23 T. lang; 29 R.; Domblitten.
Gomphonema Lagenula Ktz.! (Bac. XXX. 60; S. Diat. VIII. 24!) 11—13 T. lang; 20 R. nach 3 Exemplaren. Neue Bleiche bei Königsberg. Fig. 8.
Navicula lata Breb. (Tatra-Diat. S. 73, IV. 54), 90 T. lang und 10 T. breit; 6½, 26 R. Neue Bleiche bei Königsberg.
Nav. producta Sm. (Wien, 1860, S. 543, II. 35!), 23 -- 31 T. lang; $40^6/_{13}$ nach 13 Exemplaren. Neue Bleiche bei Königsberg.
Nav. Follis? — 6 T. lang; 36 R. nach 1 Exemplar. Neue Bleiche bei Königsberg. Fig. 9.
Nav. capitata Ehg. (S. Diat. S. 44, V. 3. kleines Exemplar), 6½ — 9 T. lang; 44 R. nach 12 Exemplaren. Königsberg am Pulverhause. Fig. 10.
Nav. zellensis Grun. (Wien, 1860, S. 521, I. 34, Lg. 7—12, R.?), 7 — 9½ T. lang; $47^1/_3$ R. nach 3 Exemplaren. Schlossteich in Königsberg. Fig. 11.
Schizonema carinatum Schum. 17 — 21 T. lang; $47^8/_{19}$ R. aus 19 Exemplaren. Fig. 12.
Stauroneis Platystoma (Ehg.) (S. Diat. IX. 2; Bac. S. 105. III. 55), 17—30 T. lang; 43 R. nach 5 Exemplaren. Neue Bleiche bei Königsberg.
Staur. Fenestra Ehg. (S. Diat. IX. 10), 8—13 T. lang; 43 R. nach 10 Exemplaren Am Poetensteig bei Königsberg.
Staur. tumida m. 19—28 T. lang; 16½ R. nach 6 Exemplaren. Am Pulverhause bei Königsberg.
Melosira granulata Var., kurzgliedriger und mit schwächeren Querstreifen als die Hauptform, 6½—9¼ T. lang; 12 Randpunkte, 24 R. nach 14 Exemplaren. Schlossteich in Königsberg.

In dem zweiten Nachtrage zu den preussischen Diatomeen v. J. 1867, S. 58 hat Schumann einige Beobachtungen über die Zonenbildung bei den Diatomeen angeführt. Er schrieb zwar noch einige der im Zonenkleide beobachteten Arten einer besondern, für ähnliche Formen aufgestellten Gattung Perizonium zu, äusserte aber schon damals die Meinung, dass die Zonenbildung vielleicht eine weitere Verbreitung unter den Diatomeen habe, weil die damit behafteten Formen verschiedenen bekannten Arten anzugehören schienen. Diese Ansicht hat sich durch weitere Beobachtungen als richtig erwiesen. Schumann erkannte, dass die Zonenbildung durch einen eigenthümlichen Entwickelungszustand der Diatomeen bedingt ist, und dass sich dabei die Schale mit einer feingefalteten Haut bekleidet, deren wellenförmige Falten die helleren und dunkleren Streifen hervorbringen, die man Zonen genannt hat. Diese sind daher ganz unabhängig von den Querriefen der Schale, aber die Haut enthält feine Längslinien, etwa 28 auf $^1/_{100}$ Linie, welche gleichmässig über die Erhöhungen und Vertiefungen hinziehen. Da die Zonenbildung von Schumann nur im September beobachtet wurde, so vermuthet er, dass sie eine Vorbereitung für den Winter sei.

Die Zonen wurden bisher beobachtet bei folgenden Arten:

Nitzschia sp, 46 T. lang und 10 T. breit, mit 16 Randpunkten auf $^1/_{100}$ Linie und eben so vielen dunkelen Zonen auf der Hauptseite.

Navicula Brebissonii α, 23—37 T. lang; $24^3/_{12}$ Riefenpaare; auf jeder Seite von der Mitte 7—9 Zonen, während die mittleren 2—4 schwach sind. Beobachtet wurden 34 Exemplare, von denen 3 in Selbsttheilung begriffen waren, und 2 Häute.

Nav. Brebissonii β parva, 16—18 T. lang, 28 Riefenpaare; je 8 Zonen wie bei der Hauptform. Zwei Exemplare, von denen eines in Selbsttheilung.

Nav. stauoptera β. parva, 31 T. lang, 21 Riefenpaare, je 7 Zonen, 2 Exemplare (schon im zweiten Nachtrag 1867, S. 58 angeführt mit Fig. 55).

Nav. viridis, 22—66 T. lang. Die Zonen entsprechen hier genau den Querstreifen. Vier Exemplare.

Nav. limosa und zwar β. gibberula, γ. bicuneata, δ. truncata und ε. inflata (= Nav. trabecula Ehg.). (S. den zweiten Nachtrag 1867, S. 58 und Fig. 54) 10 Exemplare.

Nav. ambigua, 6 Exemplare, 27—29 T. lang. Die mittleren Zonen stehen senkrecht gegen die Achse, weiterhin neigen sie sich immer mehr, so dass sie nach den Enden Winkel von etwa 60° mit der Achse bilden, wobei sie zugleich merklich dichter werden. Durchschnittlich gehen 20 Zonen und 33 feine Längslinien auf $^1/_{100}$ Linie. Fig. 14.

Stauroneis Phoenicenteron, 58—73 T. lang, in 4 Exemplaren. Die Zonen sind hier wie die Riefen gegen die Achse geneigt, werden gegen die Enden hin unscheinbar und es gehen durchschnittlich ihrer 10 auf $^1/_{100}$ Linie.

Endlich sind noch folgende Aenderungen in dem Verzeichnisse der preussischen Diatomeen vorzunehmen:

Zu Epithemia ventricosa Ktz. ist als Varietät β. gibba Ktz. hinzuzuziehen.

Epithemia Argus W. Sm., welche im ersten Verzeichnisse preuss. Diat. 1862, S. 175 aufgeführt und im zweiten Nachtrage 1867 fortgelassen ist, ist wieder aufzunehmen und als Varietät ist ihr β. alpestris anzureihen.

Synedra Acus ist aufzunehmen und als Varietäten sind ihr unterzuordnen β. tenuis Ktz. und γ. tenuissima Ktz.

Zu Surirella pinnata Sm. ist zu ziehen β. panduriformis Sm. und γ. minuta Breb.

Surirella Crumena Breb. = Sur. Brightwellii Sm. (vergl. zweiten Nachtrag. 1867. S. 52).

Zu Nitzschia amphioxys (Ehg.) ist zu stellen β. elongata.

Zu Cymatopleura Solea (Ktz.) ist hinzuzufügen β. apiculata Sm.

Tryblionella antiqua Schum. = Fr. angustata Sm.
Zu Amphora ovalis Ktz. ist hinzuzuziehen β. globosa Schum.,
Zu Amphora borealis Ktz. β. globulosa Schum.
Gomphonema Augur Ehg. = G. cristatum Ralfs. (vergl. Tatra-Diat. S. 66).
Zu Pinnularia amphioxys Ehg. ist als Varietät zu stellen P. acuta Sm. (zweiter Nachtrag 1867, S. 46).
Navicula dubia Ehg. (zweiter Nachtrag 1867, S. 47) = Nav. limosa γ. bicuneata (s. ersten Nachtrag 1864, S. 21) = Nav. Peisonis Grun.
Nav. Tabellaria Ehg. (vergl. preuss. Diat. 1862. S. 179) ist zu schreiben für Nav. acrosphaeria (zweiter Nachtrag, S. 47).
Nav. Trabecula Ehg. = Nav. limosa Var. ε inflata Grun. (Wien. S. 545, III. 8c. 10), wie schon oben bemerkt wurde.
Zu Nav. subrotunda Schum. ist (zweiter Nachtrag S. 48) als Varietät zu setzen. β. subquadrata Schum., wie im zweiten Nachtrag S. 58 bereits gethan.
Zu Nav. (Pinnularia) nodosa Ehg. (zweiter Nachtrag S. 48) ist als Varietät zu setzen β. biglobosa Schum. (ebenda S. 47 und 57), da sie auch dreiwellig vorkommt.
Nav. (Pinnularia) Monile Ehg. mit 19½ R. = Pinn. mesotyla Ehg. mit 19 R. = Pinn. isocephala Ehg. mit 20½ R.

Schumann hat in seinem letzten Aufsatze über preussische Diatomeen 470 Arten gezählt, indessen muss er nach der Zählung noch Zusätze gemacht haben, denn in der That giebt das Verzeichniss von 1867
481 Arten und 43 Varietäten
und zwar nach den 7 Fundorten, die Schumann unterschieden hat:

in offenen Süsswassern	. . . . .	286 Arten und	23	Varietäten,
im Königsberger (Infusorien-) Lager	218	„ „	18	„
in alluvialen Kalkmergellagern	. .	145	„ „	11	„
in brackischen Wassern	. . . . .	95	„		
in der Ostsee	. . . .	149	„ „	9	„
in d. diluvialen Lager von Domblitten	86	„ „	6	„
im Bernstein	. . . .	18	„		

Nach dem hier Mitgetheilten sind zwar 20 neue Arten und 2 Varietäten, und zwar 19 Arten und 1 Varietät für das Süsswasser und 1 Art und 1 Varietät für Domblitten hinzugekommen, dagegen fallen nicht nur Perizonium Braunii und Navicula limosa Var. perizonata aus, sondern auch mehrere Arten, die als gleich mit anderen, oder als Varietäten anderer erkannt sind, und so stellt sich die Zahl der in Preussen beobachteten Diatomeen gegenwärtig auf:
484 Arten und 56 Varietäten,
von denen sich finden:

in offenen Süsswassern	. . . .	288 Arten und	34	Varietäten,
im Königsberger Lager	. . . .	213	„ „	20	„
in alluvialen Kalkmergellagern	.	143	„ „	13	„
in brackischen Wassern	. .	95	„		
in der Ostsee	. . . .	148	„ „	9	
in dem diluvialen Lager von Domblitten	86	„ „	7	
im Bernstein	. .	18	„		

Von den auf Taf. II beigefügten Abbildungen stellen die ersten 13 Diatomeen-Arten dar, deren hier Erwähnung geschehen, nämlich:

Fig. 1. Nitzschia communis Schum. (vergl. Tatra-Diatom. Fig. 16.).
Fig. 2. Nitzschia hungarica Grun.
Fig. 3. Nitzschia dubia Hantzsch.
Fig. 4. Nitzschia sp. n.
Fig. 5. Nitzschia sp. n.
Fig. 6. Tryblionella apiculata Gregory.
Fig. 7. Amphipleura? pumila Schum.
Fig. 8. Gomphonema Lagenula Ktz.
Fig. 9. Navicula Follis.
Fig. 10. Navicula capitata Ehg.
Fig. 11. Navicula zellensis Grun.
Fig. 12. Schizonema carinatum Schum.
Fig. 13. Navicula ambigua perizonata.

Diesen sind noch einige andere Abbildungen angereiht. Sie stellen meistens entweder solche Arten dar, welche in dem Verzeichnisse von 1867 zuerst als preussisch aufgeführt, aber nicht abgebildet wurden, oder Bernstein-Diatomeen, die 1862 in nur kleinem Maassstabe gezeichnet wurden.

Fig. 14. Nitzschia vermicularis Ktz. S. zweiten Nachtrag 1867. S. 43.
Fig. 15. Nitzschia curvula Ehg. ebenda.
Fig. 16. Gomphonema Sagitta Schum. Die Art wurde von Schumann 1862 S. 179 und 187 aufgestellt und Fig. 29 abgebildet; sie fehlt aber in dem Verzeichnisse von 1867, wohl nur aus Versehen, wie man vermuthen darf, weil die Abbildung in grösserem Maassstabe hier unter demselben Namen gegeben wird.
Fig. 17. Navicula cryptocephala Ktz. 1867. S. 46.
Fig. 18. Nav. cocconeiformis Greg. 1867. S. 46. Die in dem Verzeichnisse von 1862, S. 180 und 188 von Schumann aufgestellte und Fig. 46 abgebildete Art desselben Namens wurde 1864, S. 20 in N. coccus umgetauft.
Fig. 19. Nav. minutula Sm. 1867. S. 46.
Fig. 20. Nav. Atomus Grun. ebenda.
Fig. 21. Nav. minutissima Grun. kommt nach dem Verzeichnisse von 1867 im Bernstein vor und scheint daher gleich zu sein der Navicula Seminulum des Verzeichnisses von 1862. S. 182, Fig. 44.
Fig. 22. Nav. perpusilla Grun. kommt lebend und im Bernstein vor und wurde auch schon 1862 Fig. 48, aber kleiner abgebildet.
Fig. 23. Nav. inflata β. Ktz., 1867. S. 47, die lebend und im Bernstein vorkommt und in dem Verzeichnisse von 1862 als Pinnularia capitata Ehg. aufgeführt wurde. Wahrscheinlich hat Schumann sie hier absichtlich der sehr ähnlichen richtigen P. capitata Ehb., die er jetzt aufgefunden hatte, zur Seite gestellt. N. capitata E. hat 44, N. inflata K. 21 Riefen auf $1/_{100}$ Linie. Von der 1862 Fig. 34 gegebenen Abbildung weicht diese Figur freilich sehr ab.
Fig. 24. Nav. hungarica Grun. 1867. S. 48 und Tatra-Diat. S. 76.
Fig. 25. Nav. trigibbula Schum. 1867, S. 48 und 58, auch dort in Fig. 52 schon abgebildet.

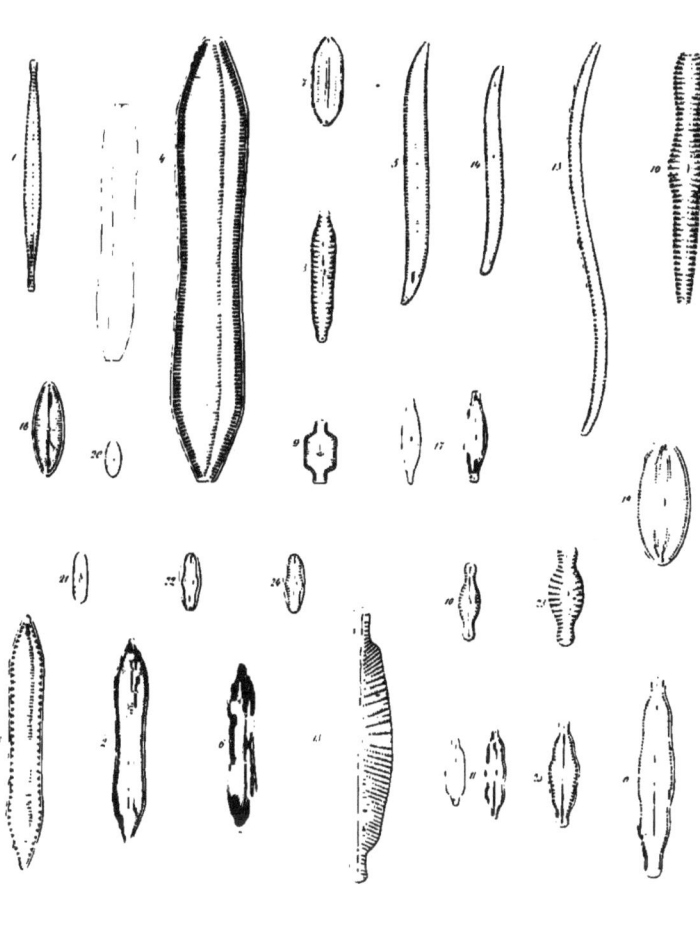